STRATEGIC TRANSFORMATION AND BUSINESS
MODEL INNOVATION OF ENTERPRISES

企业战略转型与模式创新

基于大型商场升级改造的关键因素作用机理分析

MECHANISM ANALYSIS OF KEY FACTORS OF UPGRADING
AND RENOVATING LARGE-SCALE SHOPPING MALLS

林诸寰　黄绍忠　余来文 ◎ 著

经济管理出版社
ECONOMY & MANAGEMENT PUBLISHING HOUSE

图书在版编目（CIP）数据

企业战略转型与模式创新：基于大型商场升级改造的关键因素作用机理分析/林诸寰，黄绍忠，余来文著 . —北京：经济管理出版社，2019.6
ISBN 978 - 7 - 5096 - 6745 - 3

Ⅰ.①企… Ⅱ.①林…②黄…③余… Ⅲ.①商场—商业经营—研究 Ⅳ.①F717

中国版本图书馆 CIP 数据核字（2019）第 143315 号

组稿编辑：申桂萍
责任编辑：赵亚荣
责任印制：黄章平
责任校对：王淑卿

出版发行：经济管理出版社
（北京市海淀区北蜂窝 8 号中雅大厦 A 座 11 层　100038）
网　　址：www.E-mp.com.cn
电　　话：(010) 51915602
印　　刷：三河市延风印装有限公司
经　　销：新华书店
开　　本：720mm × 1000mm/16
印　　张：11.25
字　　数：166 千字
版　　次：2019 年 8 月第 1 版　2019 年 8 月第 1 次印刷
书　　号：ISBN 978 - 7 - 5096 - 6745 - 3
定　　价：68.00 元

·版权所有　翻印必究·
凡购本社图书，如有印装错误，由本社读者服务部负责调换。
联系地址：北京阜外月坛北小街 2 号
电话：(010) 68022974　邮编：100836

前　言

随着互联网技术与移动终端的不断创新与发展，O2O等"新零售"模式应运而生，传统零售业成为受互联网影响最为深刻的领域之一。互联网零售新模式的出现，对大型商场的运营产生了深刻的影响与冲击。以大型商场升级转型为代表的零售业业态结构调整与转型升级已成为焦点性的研究课题。此外，为了迎合消费者不断变化的消费偏好，各大商场的升级改造和内部设施改善或更新工程不断推陈出新。综观世界各大传统商场，它们集消费服务业的大成，销售的产品不仅繁杂、多样而且内部设施越来越多变。然而，大型商场升级改造无论在财务还是管理方面都是一项不小的挑战，并且商场在升级过程中所处理的人、事、地、时等情况也有所差异，很难完全依照例行标准或程序处理，需要一个配套有效的决策系统来引导每个升级过程。

国内外关于商场升级的相关研究已经相对成熟，但将财税、产业基金作为研究对象的文献却很少。过去十年内，零售业竞争强度和消费者需求的变化使大型商场转型升级策略复杂性不断提升。刘文婧（2014）指出，欧美零售行业下滑归因于没有一套战略方针去引导财税政策，从而形成一个强大的基金以协助产业的永续发展。本书以O2O"新零售"模式为背景，以大型商场升级为核心，以香港特区领展商场为研究样本，探究了香港特区大型商场升级改造的关键因素、作用机理及其产业基金，并基于此提出了推动香港特区大型商场升级改造的对策建议，研究结果对我国零售业业态调整及供给侧结构性改革具

有重要的现实意义。基于此,本书主要开展了以下研究工作:

第一,在文献回顾与相关理论梳理的基础之上,对商场升级的资源与产业能力、商场 O2O 转型服务与运营模式、商业地产基金证券化、房地产资产证券化等问题的现状及发展趋势进行了深入剖析,为本书的主题研究奠定了基础。基于已有文献及研究基础,针对商场升级与消费体验、电子商务、运营模式的互动关系,提炼出影响商场升级改造的关键因素,从而提出了本书的研究假设。

第二,基于 Logistic 回归模型实证检验了大型商场升级改造的关键因素的研究假设。首先,针对 378 份调研有效样本,对时间因素等 12 个自变量对受访者偏好网络购物或实体购物的影响程度进行了分析;采用最大方差旋转方法,找到了因子和研究项的对应关系后,对"物流信息""消费者体验感""商场管理服务体系""电子商务"四个因子进行了信度分析,证明了样本数据具有良好的信度。其次,对四个因子对大型商场升级改造的联系进行了相关性分析,揭示出不同关键因素对商场升级的作用机理。最后,进行了回归分析,对比分析了 X 对 Y 的影响程度。实证研究结果表明:物流信息与商场统一管理有显著的正相关关系,消费者体验感设计与选择实体商超的相关性明显,商场管理服务体系与商场对消费者的吸引力显著正相关,电子商务对于消费者消费习惯的金额比例相关性较强。

第三,采用案例研究法对实证研究结果进行进一步验证与深化,凝练出本书的政策建议。以香港特区领展商场作为研究对象,进一步验证了物流信息、消费者体验感、商场管理服务体系、电子商务等因素对大型商场升级改造的作用机理,同时也为相关企业进行商场升级改造提供了较好的借鉴。基于此,本书最后分别从政策、企业、行业三重视角凝练出相关政策建议。

本书具有以下创新点:一是研究视角的创新。本书创新性地将商场升级改造关键因素、作用机理与产业基金等要素进行融合研究。二是研究方法的创新。本书采用"实证+案例"的双重研究法,从财税的视角,综合运用 IPA 决策模型、Logistic 回归模型等定性分析法展开实证研究,并通过案例研究法去深化与验证实证结论,试图突破已有研究以定性分析为主导的研究范式。三是研究观点上的创新。本书在升级策略、财税政策与产业基金等方面形成了丰富的研究结论与创新成果。

总之,香港特区大型商场升级改造的关键因素有赖于内地市场的潜力和资金吸引力,资产服务机构是企业商业地产基金转变为商业房地产抵押贷款支持证券(CMBS)产品中的不二选择。商场的升级可更加关注于品牌构成变化,政府需要鼓励必要的金融创新来辅助零售产业到基金的过渡,同时为新商业项目活力提升和盘活量增加提供支持。

目　录

1 绪论 …………………………………………………………… 1

 1.1 研究背景与意义 ……………………………………………… 1
  1.1.1 研究背景 ……………………………………………… 1
  1.1.2 研究意义 ……………………………………………… 6
 1.2 研究目标与内容 ……………………………………………… 7
  1.2.1 研究目标 ……………………………………………… 7
  1.2.2 研究内容 ……………………………………………… 8
 1.3 研究方法与研究框架 ………………………………………… 11
  1.3.1 研究方法 ……………………………………………… 11
  1.3.2 研究框架 ……………………………………………… 13
 1.4 研究创新之处与局限性 ……………………………………… 14
  1.4.1 研究创新之处 ………………………………………… 14
  1.4.2 研究局限性 …………………………………………… 16

2 文献综述与相关理论 ………………………………………… 17

 2.1 国内外研究现状 ……………………………………………… 17
  2.1.1 大型商场升级策略及关键因素研究 ………………… 17

企业战略转型与模式创新

  2.1.2 大型升级改造关键因素作用机理研究 ················· 21
  2.1.3 产业基金研究 ····································· 28
 2.2 商业空间管理相关理论 ····································· 32
  2.2.1 商业空间 ··· 32
  2.2.2 商业流动空间 ····································· 33
  2.2.3 影响商业空间设计的因素 ··························· 35
  2.2.4 商业空间设计与消费者体验 ························· 36
 2.3 项目管理相关理论 ··· 38
  2.3.1 项目的定义 ······································· 38
  2.3.2 项目管理的成功因素 ······························· 39
  2.3.3 项目管理的阶段与目标 ····························· 39
 2.4 IPA决策模型相关理论 ····································· 41
  2.4.1 IPA决策模型简介 ································· 41
  2.4.2 IPA决策模型如何应用于项目管理 ··················· 42
 2.5 利益相关者理论 ··· 43
  2.5.1 理论介绍 ··· 43
  2.5.2 利益相关者的划分与其对商业决策的影响 ············· 44
  2.5.3 利益相关者与工程项目价值链 ······················· 46
 2.6 财税与产业、基金之间关系理论 ····························· 47
  2.6.1 财税制定的原则 ··································· 47
  2.6.2 财税政策的实施目标 ······························· 49
 2.7 研究述评 ··· 51
 2.8 本章小结 ··· 52

3 理论基础与研究假设 ·· 53
 3.1 大型商场升级及产业基金理论基础 ··························· 53
  3.1.1 大型商场升级改造的关键因素 ······················· 53

目录

  3.1.2 商场产业 O2O 转型 …………………………………… 61

  3.1.3 升级后的营运模式 …………………………………… 66

  3.1.4 商业地产基金如何证券化和如何实现产业到基金的

     过渡 ………………………………………………………… 69

  3.1.5 利用 REITs 增加分红能力和收益率 ……………… 77

 3.2 研究方法 ……………………………………………………… 79

  3.2.1 定性、定量混合研究方法 ………………………… 79

  3.2.2 案例研究 ……………………………………………… 83

  3.2.3 深度访谈 ……………………………………………… 85

 3.3 研究路线设计 ………………………………………………… 87

 3.4 研究假设 ……………………………………………………… 88

  3.4.1 商场升级与消费体验关系研究假设 ……………… 88

  3.4.2 商场升级与电子商务关系研究假设 ……………… 90

  3.4.3 商场升级与运营模式关系假设 …………………… 90

 3.5 本章小结 ……………………………………………………… 92

4 大型商场升级实证研究 …………………………………………… 93

 4.1 数据收集与分析 ……………………………………………… 93

  4.1.1 基本信息分析 ………………………………………… 93

  4.1.2 变量回归分析 ………………………………………… 93

 4.2 因子分析 ……………………………………………………… 98

 4.3 信度分析 ……………………………………………………… 102

  4.3.1 物流信息信度分析 …………………………………… 103

  4.3.2 消费者体验感信度分析 ……………………………… 103

  4.3.3 商场管理服务体系 …………………………………… 104

  4.3.4 电子商务信度分析 …………………………………… 104

 4.4 相关性分析 …………………………………………………… 105

  4.4.1 物流信息与商场管理的相关性分析 …… 106
  4.4.2 消费者体验感与大型实体商超购物方式选择的
     相关性 …… 106
  4.4.3 商场管理服务体系与商场对消费者的吸引力的
     相关性分析 …… 107
  4.4.4 电子商务与购物消费金额比例的相关性分析 …… 107
 4.5 回归分析 …… 108
 4.6 本章小结 …… 111

5 案例研究
——以香港领展商场为例 …… 112
 5.1 领展企业简介 …… 112
  5.1.1 企业架构 …… 112
  5.1.2 业务模式 …… 113
  5.1.3 地域分布 …… 114
 5.2 案例分析 …… 114
  5.2.1 传统商场升级改造策略 …… 114
  5.2.2 O2O 转型产业结构 …… 123
  5.2.3 企业发展战略 …… 125
  5.2.4 租金和资产增值 …… 130
  5.2.5 商业地产基金证券化与税收 …… 136
 5.3 案例启示 …… 139
  5.3.1 领展商场的升级策略 …… 139
  5.3.2 商场升级的成功因素 …… 139
  5.3.3 升级之后的租金设置和租户管理 …… 140
  5.3.4 以基金提升资产价值 …… 140
 5.4 本章小结 …… 142

6 研究结论与建议 ·· 143

6.1 研究结论 ··· 143
6.2 对策建议 ··· 147
6.2.1 政策方面 ··· 147
6.2.2 企业方面 ··· 149
6.2.3 行业方面 ··· 151
6.3 研究展望 ··· 153

参考文献 ·· 155

1 绪论

1.1 研究背景与意义

1.1.1 研究背景

商场在香港特区市民的日常生活中扮演着非常重要的角色①。Najafi 等（2013）的研究显示，75%的香港特区市民的非工作时间是在商场度过的，他们在商场内的活动包括购物、饮食、看电影等，由此可见商场对于香港市民的重要性。香港特区政府统计数据显示，2017 年全年的零售业总销货价值为 4461 亿港元，较 2016 年全年上升 2.2%，总销货数量则按年上升 1.9%，2018 年预计仍将有 4%~6%的增长。可以说，零售行业在香港特区社会中所扮演的角色一直在演变。另外，在经济方面，虽然商场、购物中心的数目正在迅速减少以减轻营运支出，但总的来说商场零售额约占香港特区总零售额的 20%。而且，虽然在 2007~2009 年因为全球金融风暴使增长率下跌 11.2%，

---

① 欧霞. 品牌体验对客户感知价值、品牌偏好与品牌忠诚度的影响研究——基于香港市场化妆品消费的实证分析[D]. 武汉大学博士学位论文，2017.

商场的零售空间还是约占香港特区零售总额的35%（见图1-1、图1-2和图1-3）。

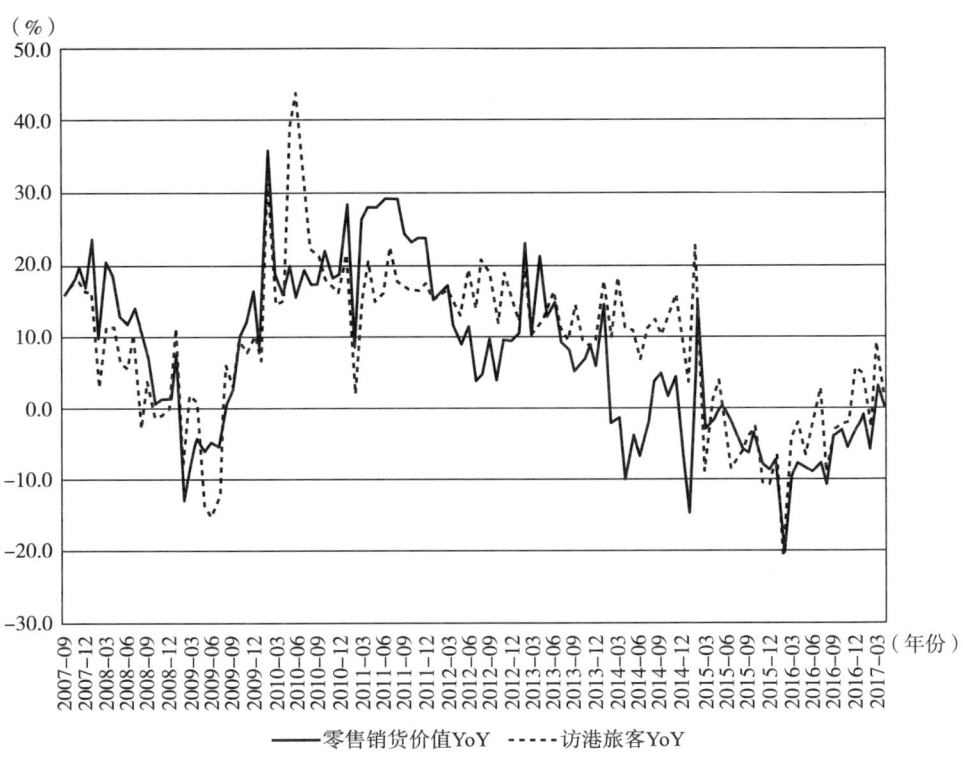

图1-1　2007～2017年香港特区零售业发展趋势

在商场产业管理方面，学者近年来的注意力放在了它与财税、产业基金之间的关系上。例如，刘文婧（2014）认为，商场升级的成败不单只取决于升级计划的安排与实施，还取决于当时的财税政策对商场财务表现的影响。Bryman和Bell（2011）研究发现，开发商的收入回报主要与财税有关。财税政策对开发商升级的主要作用是给它们提供一个理想的投资环境，以维持产业的永续成长。有时，当地政府可能还会提供优惠政策来增加商场的竞争力，如税收优惠或某些税项的减免。这些措施都是间接地提升商户和业主对产业的投资信心。项目经理甚至还经常向商户提供税收方面的资讯来帮助提高产业基金的活

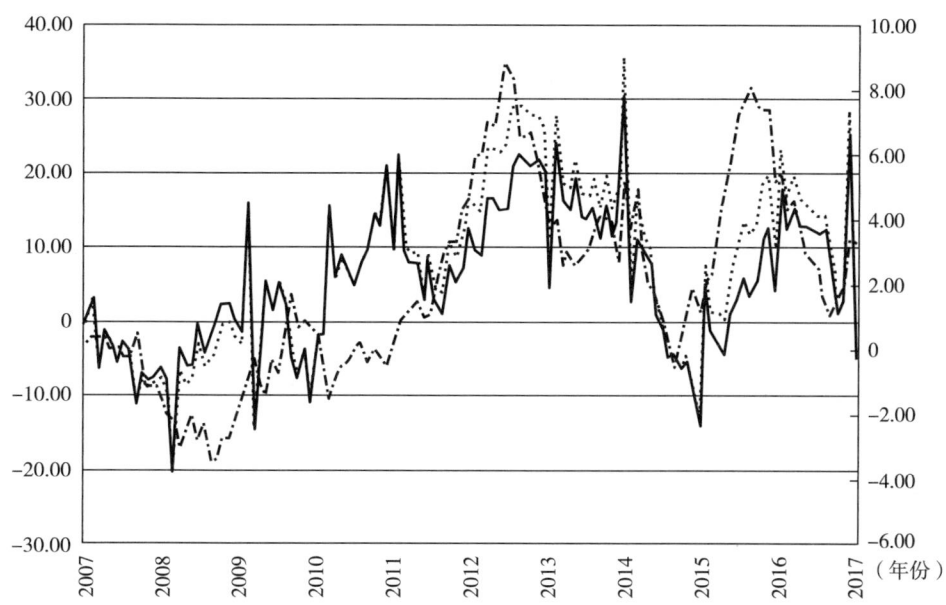

图1-2 2007~2017年香港特区零售业整体平均销货价格

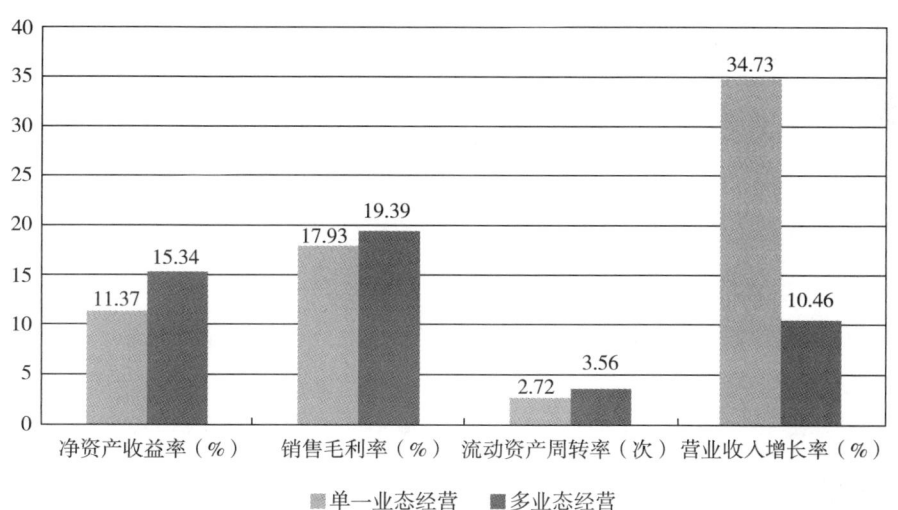

图1-3 2017年香港特区商场产业财务比率均值比较

性。这对于业主、投资者来说要比税收折扣等优惠更加实际些，也可以稳定他们对产业转型 O2O 的信心①。

综观世界各大传统商场,它们集消费服务业的大成,销售的产品不仅繁杂、多样而且内部设施越来越多变。各大传统商场为了迎合消费者的偏好不断提高舒适性、多功能性等。从内部格局布置的角度来看,商场的各个专柜、展示柜或产品贩卖区,必须时常变动更新,但又不能影响各个区间的正常营运。因此,在升级的过程中各个专柜、展示区以及贩卖专柜需要重新铺陈或改变格局。无论是大商场还是小商场,升级在财政和管理方面都是一项不小的挑战。Beshears 和 Gino(2015)指出,和升级相关的决策或活动均是传统商场司空见惯的必要工程,但在目前零售业下滑的环境条件下,决策者必须思考如何找出一个灵活运用商业资产和地产以及解决相关的利润问题的办法。

众所周知,商场的商业用地和资产不仅是营运场所,还是私人或公司资产,其营运对象是大众。一方面,商场的升级方法和过程必须符合营运法规所规范的严格规定,尤其是安全规定部分中特殊的要求,如楼层的高度限制,天花板照明规定,地板的材料及安全,墙柱之布置及相关间隔之区隔,道具、更衣室、招牌安排,仓库安全规划,化妆品柜,餐厅相关排烟、火、电等安全设施规范,使用之电源、电缆、灯光、插座等安全规范。另一方面,商场的升级还需要配合整体的营业目标、营运计划以及未来的构想,以此为永续发展规划的根本。

对于许多在商场经营的店铺来说,商场升级对于它们的意义不亚于对商场经营者本身。规划设计、施工、验收、陈列、进驻等一系列的工作与布置,店铺都有不同程度的参与。尤其是在商场结束升级、重新开始营运后,店铺也必须配合各个新的营业环节、时尚的趋势、主题的更新。从双赢的角度来看,商场的内部装饰、设备、设施、格局和布置必须一直要求变动与更新。依据新的经营模式,商场内的展示区、专柜、贩卖区、超市、游乐区、餐厅,甚至娱乐区等的改变都牵动了进驻商铺的经营。由于大部分商铺属于外包经营方式,属

---

① 唐岫. 互联网环境下实体零售企业转型过程及其协同发展[J]. 商业经济研究, 2018(12): 129-131.

于商场公司本身的自营区的百分比均在5%以下（Baack et al.，2013），因而如何建构一套制度来执行商场的升级和整改，如何因应需求，达到节省费用、降低成本又提升商业房地产利润率的目的，确实是管理者或者决策者需要思考的问题。

目前就香港的商场行业来说，每一个商场都拥有自己的经营团队或管理团队已担任起升级的重任。此外，香港的房屋署对商业房地产的建设和改造等方面设有相关的法规或规范。当商场打算升级某一层或某一区间时便需要申请，甚至新的营运需要提出变更商品的陈列方式、内容与布置方式。总的来说，任何商场必须依据行业的相关规定，绝对要符合安全法规。目前，比较流行和保险的做法是聘请著名的建筑设计师，依据新的营运需求设计出升级改造的蓝图、施工图以及相关的使用材料及工法。这些蓝图经管理层同意和主管单位核准后，在规定的时程施工、验收后再进驻。

综上所述，商场行业的升级、改造和内部设施的改善或更新工程需要依照相关法律法规按部就班，也需要参考行业的最新趋势，才能让商场进行转型。在越来越多商场转型O2O的背景下，商场在升级中所处理的人、事、地、时及相关的情况会有所差异，很难完全按例行的事件或标准的程序处理，因此需要一个配套有效的决策系统来引导每个升级过程，做到万无一失（葛明磊等，2018）①。在这方面，许多知名商场使用了IPA决策模型作为升级专案工作的决策系统，自升级工作的发起开始到规划、控制、执行结束等流程，依循IPA的精神运作，以及配合专案计划的知识体系，将执行此类工作的专业技术融入，使执行过程的效率、效果及成效，在事半功倍的努力及掌控状况下，达到预期的效果（戴蓉，2015）②。

---

① 葛明磊，张丽华，黄秋风. 产业互联网背景下多重制度逻辑与组织双元性研究——以苏宁O2O变革过程为例[J]. 管理评论，2018（2）：242-255.

② 戴蓉. 整合模糊Kano模型与IPA分析的服务质量提升决策模型及应用研究[D]. 江苏科技大学硕士学位论文，2015.

1.1.2 研究意义

1.1.2.1 理论意义

从财税、基金的角度来说，商场的升级对于产业的壮大与永续发展具有重大意义。就香港来说，商场的升级是因为产业过度饱和、成本等问题，因此，在制定升级的策略时需要考虑到税收政策影响。另外，产业的基金会与财税部门会定期举行讨论会，目的是商讨出一套有效的税收政策使商场的成长与管理更高效。因此，本书的结果可以帮助有关方面制定这些税收政策。而且，财税部门参与在商场管理中可以不断加强产业的营运能力，使各种发展战略能够最大化利润。但是，在很多时候，政府人员并非雇受于商场的管理部门，所以他们的工作并不是以利益最大化为目的。而且他们的行为往往不是保守的，而是勇于创新的。这使他们的决策更倾向于保持营运状态和增强竞争力。所以，他们不但有提高业绩的动机，而且其中大多数都可能帮助提升消费者满意度和主动提供升级服务。这对于商场的升级是不利的。因此，本书在最后提出如何使财税部门的决策者与商场产业的决策者能够统一观点。

从商场运营、管理决策的角度上来说，商场升级的重要性是不言而喻的，但商场运营的性质在管理决策过程中更加重要。由于购物中心的成功总是依赖于购物者和商户的流动，所以商场开发人员试图通过改变内部装潢、结构和增加有趣的设施来留住忠实顾客并使其重复访问。这涉及了大量的管理决策。如今香港的商场虽然多，但是它们在管理决策方面有许多类似的特点。例如，它们可以提供类似的租户组合的方式使购物中心的开发能够更多样化，这也使商场的开发人员不只注重发展，还关注其他购物设施的升级模式从而提高竞争力。因此，管理者应密切关注商场的升级活动是否能从管理决策模型中直接得益。

1.1.2.2 现实意义

香港特区零售业与其他国家相比，营业额一直处于增长态势，然而，现代零售业也不断经历市场与消费模式变革的冲击，传统大型商场也不得不加入到

1 绪论

升级的进程中去。一方面,大型商场要适应消费者不断变更的消费习惯;另一方面,全球化和金融风暴促成了这些变化在商场管理和策略考量中的角色。本书从财税政策与产业基金视角,首先,探寻了财税政策支持商场产业发展与充足产业基金的理论依据;其次,运用案例研究的方法,分析财税政策对香港商场产业的影响,对财税政策对商场产业基金的效果进行了评价,形成了丰富的研究结论,对大型商场升级改造决策的现实指导意义如下:

其一,本书以定性与定量的方法论逻辑为主导,能够从商场管理和使用者两个角度去分析和探讨商场升级的成功因素。其二,IPA 模型和定性访谈的结合分析可以进一步论述商场升级的形式,深化其对消费者和商户的意义。在商业文化、投资资本和管理文化的研究领域,广泛应用的研究方法除了调查数据,还有 IPA 模型的方法。这在一般的调查数据的方法中,是没有预设任何有关因变量和变量的影响的。

1.2 研究目标与内容

1.2.1 研究目标

本书的目标之一在于探讨利益相关者诉求对于商场升级的需求和意义的影响。商场升级的需求不只来自市场的激烈竞争,还来自商场内各个利益相关者的利益诉求。某些商场的升级是为了满足更好地接待顾客方面的需求,而有些是为了管理商户方便,所以必须重新审视商场目前的内部结构,使商铺位置等的计划能给购物中心的管理带来更大效益。这也是获得和保持一定数量的忠诚顾客的有效办法,同时也是购物中心团队管理的关键目标之一。

在财税与基金方面,本书的目的在于探讨产业如何过渡到基金,商业地产基金如何证券化及商业项目的盘活。在国外,商业地产基金证券化是很常见的，这使财税政策更多地影响管理者对商业项目盘活的计划使升级的成功因素不只包含经济因素、人力因素、管理因素等。

1.2.2 研究内容

第一，商业空间管理。商场的升级必须依赖一个相应的商业空间管理模型，它的作用在于能给管理者提供一个升级过程中管理各种各样事务的途径，包括商场内部结构、顾客关系管理、安保、清洁、营业操作和客户服务等。在香港特区，一个购物中心的失败取决于在以上几方面的决策，这不但要结合商户的关系管理战略，还需要管理者深入了解升级对于消费者的意义。这对项目经理的决策判断、商场设施管理和客户服务改进提供了重要的指引。如果没有它，商场升级的过程和成功因素会有非常多的变数，使升级的效果不能达到预期。

在香港特区，商场的升级一般是通过外包的方式来进行的，这使升级服务的质量和提供的种类实在屈指可数。而且，升级的过程中在设计与规划方面也有诸多事项。贺德方（2010）提出，要让每个流程无缝衔接是非常困难的；有些商场的升级失败就是因为某个流程出现了缺失。因此，为了增加升级的成功概率，管理者必须要使用正确的方法处理每个流程，而且要面对商场升级所带来的巨大的财政挑战。笔者认为，需要从两方面着手：其一，构建一个服务质量量表评价升级的质量和跟踪进度。尤其是，外包的升级方式使进程的某些细节（如物料的采购）不易跟踪，这影响了购物商场管理团队和外包团队的和谐。商场的升级、任务、目标和目的设定、改造任务的完成时间与成本有直接的关系（Wang et al.，2012）。其二，在制定相关任务的时候，决策者是否必须通过可行性研究来确定升级需要的进程阶段和评估报告，包括市场需求的评估、施工组的目标、财务状况、商场实际可用空间，在这方面，Crystal和 Terry（2013）特别提出施工组对于商场升级可行性的意见对于升级活动的流畅进行和商场董事会的财政支持具有决定作用。为了方便控管专案运作，通常会将专案切割成几个阶段，每个阶段的连接，通常是重大的技术或是专案中某个交付的成果,而专案开始到结束过程中,中间有数个不连续或连续阶段组成的阶段。所以,商场项目经理的责任在于审视成功概率最大的改造项目,并在最开始制订一个明确的计划,使各个利益相关者都明白自己的诉求和职责,确保改造工程实施过程的流畅。

第二,财税与产业、基金之间的关系。财税与产业、基金之间有紧密的关系。财税政策的存在是要为产业的经济规律发挥作用并且为基金的积累创造条件。不同的财税模式的目的都是将投资解放出来,即以财政资金为引导、以税收政策为杠杆,着重解决产业的问题,确保产业能顺利过渡到基金。另外,有数据显示,越来越多的产业政策制定者将目光放在商业地产基金如何证券化上面。这显示了商业地产基金具有极高的研究价值,产业的不同投资项目亦应与财税政策相呼应,为产业提供更多有价值的导向,使开发商的战略不但有效、多元化,而且能够完善产业结构。

第三,IPA 决策模型。IPA 决策模型被广泛应用于商业领域和服务行业的决策制定中。为了达到这项研究的目标,笔者首先定义了升级服务过程中需要使用到的决策和相关的决策模式。Huang 和 Hsieh(2011)认为,这不但决定了升级的成功概率,还影响了升级后的店面和增值服务能否增加客户满意度。另外,IPA 决策模型从商业角度来讲能够解释商场管理者对每个升级方面和要素的重视程度。这对于一贯以消费者为导向的升级决策研究是有区别的。IPA 决策模型根据商户的营运操作和商场提供的客户服务确定了客户服务方面的顾客感知质量,这直接影响着升级的绩效。而且,IPA 决策模型结合了以商户作为顾客的角度来分析问题,这使管理者能快速判断顾客知觉质量、升级进度和重心与升级绩效的关系(陈萍萍,2011)。最后,利用 IPA 决策模型管理者能清晰理解项目开发的优先重点应该放在哪里、升级之后顾客价值的判断、开发目标是否与当前资源和人力状况相符。

IPA 是一种用于判断决策有效性的工具①。它旨在帮助企业制定改善产品

---

① 孟庆良,卞玲玲,何林等. 整合 Kano 模型与 IPA 分析的快递服务质量探测方法[J]. 工业工程与管理,2014,19(2):75-80.

和服务质量的决策、经营活动的优先次序、利用企业资源优先次序等。IPA 的使用不但帮助企业了解不同属性的决策的重要性，还提供决策的价值评估和比较。IPA 模型在零售、汽车、服务业的扩张和改善服务质量方面得到广泛的使用①②③。另外，企业需要通过商业研究报告、问卷调查和访谈收集有关这些因素的数据，这能提高管理层、销售团队、服务团队的工作效率和沟通效率。最常见的方法是通过调查问卷将影响质量因素与它们对于消费者的重要性联系起来。这使 IPA 为企业提供重要的绩效研究的标准化程序。在本书里，商户和业主一般对于升级工程是持有质疑态度的，最大原因是工程会影响到他们的正常营运。IPA 能帮助商场审视升级决策的后果，如商场会不会拥有不同的面貌、商场品牌效应是否带有不确定性、商户对升级事宜的接受程度等。所以，IPA 模型是取得业主和商户的支持和加快商场升级成功的一个有效工具。

第四，利益相关者理论。商场在实施升级的过程中，除了业主之外，难免会直接影响进驻商户、消费者的利益。所以，要使升级过程顺利和得到成功的结果，商场的决策者必须要对平衡利益相关者的各种得益和损失加以考虑。Guercini 和 Ranfagni（2013）认为，对任何组织和个人而言，其行动都不是单一的存在。商业个体行动的目的都是创造价值和最大化利益。但是，不同的利益相关者所感兴趣的价值和利益是不同的。所以，在平衡他们的利益之前，必须要对"价值"做出准确的定义。价值是指对人的用处、益处或是可珍惜、可重视程度等。在商业管理领域内，价值概念是指主客体关系的一种内容，即主体是否满足客体的需要，他们的理念是否一致。从经济学角度来看，价值可理解为以财富、物质为标志的经济效能，它能满足追求价值主体所需要的资源、方法和能力。

---

① 张忞娴. 网购第三方物流服务质量提升决策方法 [D]. 中国科学技术大学硕士学位论文，2016.

② 陈鹏. 基于 Kano 模型和 IPA 模型的民航服务评价研究 [D]. 中国民航大学硕士学位论文，2017.

③ 孔祥芬，陈鹏. 改进的 Kano 模型和 IPA 模型的综合应用探索——以民航航班延误服务为例 [J]. 工业工程，2017，20（3）：9-14.

Kelemen 和 Peltonen（2001）认为，利益相关者的框架下某些个体的选择也可作为群体选择。其实，企业决策的本质就是一种集体选择，这使参与者通过集体选择的方式去确定他们的主要利益和共同利益，并根据这种共同利益的追求的方法和资源的状况决定每个决策实施的顺序。所以，某种程度上利益的划分决定了每个利益相关者在一个项目里的目标。一般来说，一个企业内部的利益相关者对集体选择有赞成和反对的权力，但在现实中因为各种原因并非每个利益相关者都能够参与决策的制定和对项目有最终决定权，这也使利益相关者的利益划分出现失衡，然后引致严重的内部分离，致使企业的营运效率和品牌形象下降（罗珉，2005）。

1.3 研究方法与研究框架

1.3.1 研究方法

第一，实证研究。本书采取实证研究的方式分析商场升级的成功因素、过程和相关的决策。对于实证研究，国内外研究者的经验显示实证研究提供的数据和证据可以有效地回答研究问题。本书实证研究可以探讨商场升级的最终目的、它又是如何提高商场服务的性能和根据商户的反馈去改善升级的进程的。为了完成研究目标，笔者研究了问卷调查的理论，这对于本书研究工作开展有至关重要的作用。笔者使用问卷调查对关于顾客满意度的理论进行了数据收集和分析研究，并与以往的实证研究结果进行了比较。这可以被称为一个迭代的过程，不但回答了研究对象的一些疑问（如升级事宜的最终决定权在谁手里），也建立了理论与现实的联系，即顾客满意度和商场管理理论能否被充分利用来解释香港领展商场的决策行为。

第二，案例研究法。领展商场在香港零售行业的翘楚地位给实证研究提供了可信的数据。在商业研究领域，案例研究是一种常用的方法。使用具有代表性的研究个体可以帮助研究者更好地了解调查某学科领域。另外，鉴于本书研究工作的目的是开发一个商场升级管理模型，使用案例研究可以帮助区分香港特区和欧美商场升级的主要项目和必要阶段。在香港特区，品牌效应是商场升级和设施质量改进的重点，结合升级整改的成果对于商场商户的重要性和改善消费者的感知质量，案例的经验可以帮助笔者总结升级的成功因素和决策判断的基础。最后，案例研究的结果能揭示出在未来其他商场应在哪些方面去改进才能使升级事半功倍。

第三，访谈与实地考察法。笔者对香港特区领展商场的管理人员进行了采访并对正在开展升级的现场进行了考察。根据 Fuchs 和 Diamantopoulos（2010）的建议，同时使用访谈和实地考察可以收集大量的一手资料，不但能使实证研究的内容更加全面，还能提高研究的信度和效度。笔者使用开放式的问题进行了定性访谈，并在之后进行约 30 分钟的观察，观察对象为消费者和商户。他们的行为和口头反映能折射出他们对商场升级的真实意见。需要特别指出的是，笔者认为对于商户的观察和对消费者的观察同样重要。这是因为商场升级往往是不能满足每个利益相关者的利益诉求的。他们之间利益的差异会对商场升级策划带来什么影响是非常值得通过访谈探究的。

第四，问卷调查法。问卷调查法是调查者运用统一设计的问卷向被选取的调查对象了解情况或征询意见的调查方法。在设计方面，综合研究对象的特殊性，本书的问卷调查是以书面的方式向商户提出相关的问题。这种方式能够在一定时间内收集大量的定量资料。也就是说，本书采用了定性与定量的研究方式。调查问卷的目的是收集商户对于商场升级的满意度和支持度，这可以有效地解释升级项目给他们生意和客流量所带来的影响。对于商户来说，每个升级项目的实施都影响到了他们的营业。最重要的是，它影响了进驻商户的客流量。以往研究表明，大部分的商场升级是可以提高商户的客流量的（除了一些升级失败的特殊例子）。但是，也有研究指出，升级后的新的商场内部结构和新面貌可能给某些商户带来不便，从而带来营业上的损失。所以，问卷调查的目的是从商户取证去证明香港领展商场的升级项目是否出现了这些现象，商场管理层又是使用了什么决策去解决问题的。

第五，定性定量混合研究方法。本书的研究始于定量数据的分析，然后进行访谈和案例分析。由于本书使用混合研究方法的主要目的不只是要增加数据和资料的多元性，还要提高准确性和深化研究发现。使用定性数据可以进一步探索现象和相关结论的吻合和不同之处。而定量数据的分析能够产生初步的结论和为一些定性分析提供基础。所以，混合研究方法在一定程度上能达到全面研究的目的。对于数据来源，定性数据是丰富的而且有深度的。但是，它也具有较高的主观性。所以，使用定量数据能将研究的主要结论和客观数据结合起来。而且这种策略有利于以较大规模的客观样本（商户、商场消费者）为背景来理解研究现象。

1.3.2 研究框架

本书的主要内容如下：

第1章，绪论。从香港特区零售业发展及大型商场升级转型的时代背景展开，主要提出了本书的研究背景及意义、研究目标及内容、研究方法及研究框架、研究创新及局限性。

第2章，文献综述与相关理论。本章首先对国内外研究现状进行了综述，主要从大型商场升级策略及成功因素、大型升级改造成功因素作用机理、产业基金三个主要内容展开。本章还对本书涉及的相关概念与理论进行了综述，包括商业空间管理相关理论、项目管理相关理论、IPA决策模型相关理论、利益相关者理论及财税与产业、基金之间关系理论等。

第3章，理论基础与研究假设。以大型商场升级及产业基金理论为基础，介绍了本书涉及的三种研究方法（定性、定量混合研究方法，案例研究法，深度访谈），对本书研究路线进行了设计。在对理论基础进行分析的基础上，提出了本书的相关研究假设。

第4章，大型商场升级实证研究。本章主要针对第三章提出的研究假设，运用 Logistic 回归模型，对香港大型商场升级改造的成功因素进行了实证研究。对样本数据基本信息、变量回归进行了分析，运用描述性统计分析方法、因子分析、信度及效度检验、相关性分析等研究方法，对物流信息、消费者体验感、商场管理、电子商务等维度的相关假设进行了检验。

第 5 章，案例研究——以香港领展商场为例。本章以香港领展商场为案例研究对象，首先，介绍了领展商场的企业架构、业务模式与地域分布等基本信息。其次，从香港领展商场升级改造策略、O2O 转型产业结构、企业发展战略、租金和资产增值、商业地产基金证券化与税收等方面对案例企业进行了深入研究。最后，在此基础上总结了领展商场升级带来的相关启示，对相关企业升级改造提供了大量借鉴。

第 6 章，研究结论与建议。本章对全书的研究结论进行了总结，并从企业、行业及政府三重视角提出了相关政策建议，并对下一步的研究方向进行了探讨。

本书的研究框架如图 1 - 4 所示。

1.4 研究创新之处与局限性

1.4.1 研究创新之处

本书可能的创新点主要体现在以下三个方面：

首先，本书的选题方向较新，为研究零售业转型升级提供了一个更加深入的研究视角。以大型商场升级为代表的零售业结构调整与转型升级是近年来学界研究的重点，已有文献主要从模式创新及升级机制等视角展开。现实中，商场升级成功往往还受到财税政策的约束，然而，国内外尚缺乏从财税政策、产业基金的视角对商场升级策略进行研究的成果，更欠缺将商场升级改造关键因

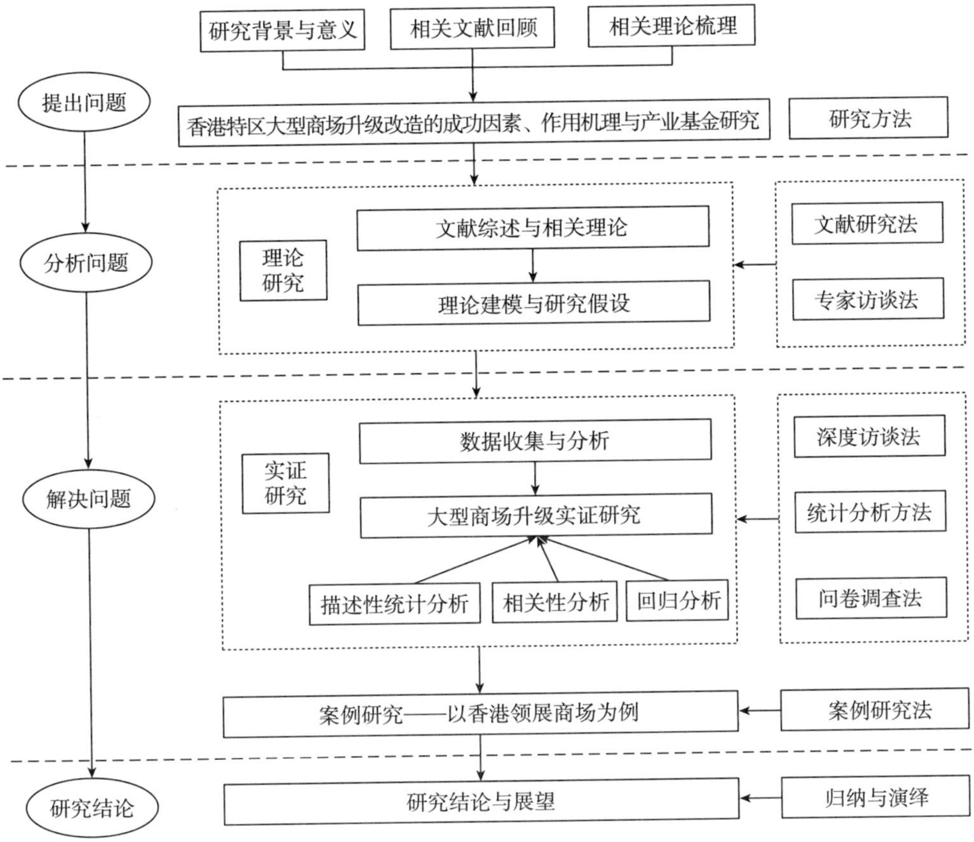

1 绪论

图 1-4 技术路线

素、作用机理与产业基金等要素进行融合研究。因此，本书将从商场升级关键因素、作用机理及产业基金等多重视角，力图从税收的角度提升商场租金的资产增值，帮助更多的开发商改变投资与开发项目的战略。

其次，从本书的研究方法上看，本书试图突破已有研究以定性分析为主导的研究范式，从财税的视角，综合运用 IPA 决策模型、Logistic 回归模型等定性分析方法，对香港特区大型商场升级改造的关键因素进行了实证研究；进而结合扎根理论，以香港特区领展商场作为研究对象，运用案例分析法对实证结果进行了进一步的深化与验证，并从升级策略、产业基金等视角提炼出了较为丰富的案例启示。特别地，本书的案例研究资料采用跨时期采集模式，对商场

· 15 ·

不同升级阶段下的企业运营与决策数据进行分类收集与分析。

最后,从本书的观点创新角度上看,本书凝练出了较多具有独创性的研究观点:①从大型商场升级的前、中、后期总结出客商关系管理的重点;②在案例和访谈资料分析的基础上,本书提出通过构筑相匹配的品牌代理模式来提升大型商场租金水平;③从O2O转型的角度分析大型商场升级过程中如何筹划发展战略这一关乎商场生存与永续发展的命题。

1.4.2 研究局限性

本书重点分析和总结了香港特区大型商场升级改造的关键因素、作用机理与产业基金,由于笔者研究水平、精力、时间等多方面因素的限制,本书研究过程还尚未涉及对资产分级制度的研究上来。然而,对于企业的内部稳定性来说,商业资产的分级和评级制度是不可避免的趋势,有必要引入分级和评级制度来对大型商场资产进行评定和分组。香港特区的商业地产评级系统将日臻完善,分级也更加细致。从投资者角度出发,将会有多种风险与收益组合的地产产品出现,用以满足不同风险偏好程度与收益要求的投资者需求。因此,未来可进一步探讨商业资产分级制度对大型商场升级的影响,以便在现有的研究基础上取得更大的突破。

2 文献综述与相关理论

2.1 国内外研究现状

2.1.1 大型商场升级策略及关键因素研究

连锁商场的升级是提高租金收入最直接的方法，尤其是对老年建筑的改造最为常见。Saaksjarvi 和 Samiee（2011）指出，升级的动因是有潜在租户被吸引，否则租用空置商店的成本非常高。升级也意味着要有足够的广告和照明标牌，以"刷新"潜在客户对连锁商场的品牌认识。国内外的一些大型连锁商场的升级为预防性维护，它们会对建筑、地面和设备进行例行检查和检修，这对于零售业的品牌形象来说尤其重要。这些设施被大量地使用。在翻新工程中，设备的巡检和检查至关重要，一般目的是避免现有设备出现失灵、失控或损坏。在英美国家，市政府都有标准行业手册要求购物中心接受升级的操作，要求一个规范化的管理系统，这对于商城的收入和支出管理也极为重要。例如，此方法允许管理者进行工业成本比较，在评估财务报告中报告重要的支出细节和成本绩效。

Shenkar（2009）认为，商城物业升级的任务、目标必须通过可行性研究来确定，这包括评估市场的需求、针对顾客年龄组（即目标顾客）、企业的财务状况及现有土地和室内空间的使用状况。可以说，所有成功的升级项目都是以明确的计划开始，以便各方了解商城各个管理层的责任和绩效要求，以确保升级工程能够流畅地执行，而且维持较小的事故率。Najafi 等（2013）从商城业主和企业形象的角度出发论述连锁商场升级策略，认为它与风险管理的关键问题正相关。其中包括以下内容：①风险的识别和测量；②风险规避，减少事业损失；③建立安全计划和紧急损失减少计划以控制风险；④资金平衡或抵御风险的损失计划；⑤转移风险、监控和最科学的风险管理策略的实施。在实践中，连锁商场的物业管理公司通过对装修目标内的物理结构、设备和任务进行调查，开始升级过程。期间他们与员工、客户、承包商和政府部门进行商讨、记录、分析和解决任何可能的风险问题，如火灾、安全、水灾、材料质量等。Walker 和 Lloyd – Walker（2012）进一步建议使用国际标准保持连锁商场的照明，以节约营运开支，在视觉上增强吸引力，同时也可提高员工士气，提高顾客使用设施时的安全感，保持合理的空置商铺管理，提高物业的租金收益。另外，虽然物业管理公司可能已经最大限度地减少风险，但领导层应该设立一定的应急基金来确保升级计划在最坏情况下仍然可以执行（例如天灾、第三方负债和地区性金融风暴），即使保险索赔不能完全涵盖损失，但是仍能让企业维持一定的进度，减少利益相关者的损失，让他们满意。

影响商业决策的因素非常多。从 IPA 的角度来看，影响商业决策的因素与企业的支持价值活动有关。Andreas 和 Stefan（2011）将这些因素分为四大类：①企业基础活动；②采购；③人力资源；④技术创新。这些因素与各参与方相关的主客观因素，都会导致不一样的结果。这便是企业不同的决策造成预期目标与实际结果产生偏差的重要原因，尽管这种偏差也受市场风险及企业所拥有的资源与能力的影响。对此，Andreas 和 Stefan（2011）认为，企业应将预期目标、目标实现阻力的风险因素以及风险识别与控制能力结合起来，才能实现决策的有效性。①

企业的决策制定与项目的风险水平有关。一方面，企业面临来自投资项目类型、地域、期望收益等多方面的风险，企业运营预期目标影响其风险偏好程度。企业运营的预期目标又分为短期目标和长期目标：短期目标主要是提高生产率、市场占有率，实现企业利润最大化等；从长期来看，企业不但以实现利润最大化为终极目标，还要不断地提升企业声誉，并且能够承担一定的社会责任等。在企业决策的初期，决策者首先应该明确企业所处的战略阶段，并预测到项目预期能够为企业目标实现带来多大的贡献，并将其作为决策的关键依据。

The Economist（2012）则提出，对于一些大型设施的改造项目，决策不但要考虑企业的自身利益，还要考虑公众的切身利益（例如防火、人群疏散措施）。这些利益以风险水平的形式表现出来。有些项目容易出现公众反对，设施改造项目在发展阶段应该尽可能参考公众的意见以降低风险。有些项目面临法律风险。例如，在部分法律制度不够完善的国家和地区，容易产生因缺乏设施改造适用法律体系所带来的诸多风险。这些风险均会直接或间接地影响企业的投资收益，甚至出现巨大的亏损。

Haselbach 和 Maher（2008）认为，在 IPA 框架下影响企业决策的因素为融资模式，即企业的财政渠道。众所周知，企业不同项目的融资方式是不同的，如果企业对融资类型、规模等选择不当，都会造成项目选择风险。此外，融资也分为几个阶段，这几个阶段的风险由金融市场和宏观经济因素决定。面对大型项目，企业需要进行融资来满足改造项目巨大的资金需要。然而在特殊时期，一些项目的盈利能力有限，甚至不盈利，极易出现融资困难、融资结构不合理等融资风险。从决策方面来说，管理者便需要留心项目成本和收入的来源。而在项目的完成阶段，包括进驻商铺、消费者等在内的相关利益主体的满意度在很大程度上会影响投资项目收益，甚至造成运营模式的变更。因此，

---

① 张水波，郭富仙. 基于风险视角的国际 PPP 项目投标决策模型研究［J］. 工程管理学报，2013（5）：59-63.

IPA 框架下，要求管理者有良好的沟通与协调能力，能够均衡地分配利益。

国内学者对以大型商场为代表的零售业升级变革也展开了大量研究。骆品亮和傅联英（2014）① 主要运用双边市场理论，构建了定价博弈模型，研究了传统零售企业平台化转型中的双边定价模式选择问题，为零售企业决策者制定转型决策点、确定转型目标提供了理论依据。邓阳和汪洋（2015）② 指出，百货业零售渠道历经了单渠道、多渠道、跨渠道等变革，全渠道零售转型正演变为传统百货企业摆脱业绩下滑困境的一种重要渠道模式，并且全渠道零售转型的成功依赖于实体店的信息化建设与各零售环节的全渠道发展，不断提升消费者的购物体验。随着我国经济发展进入新常态，当前我国零售业正在经历一场以网购成熟发展为主要特征的技术升级与业态调整的深刻变革③。郭燕等（2015）④ 通过构建 Stackelberg 模型，定量研究了传统零售企业选择 O2O 零售模式的转型效应，并通过"大润发与飞牛网"的 O2O 融合案例分析验证了传统零售商发展 O2O 商业模式效应的理论分析结论，并基于此从控制线下成本、扩大线上规模、制订动态分销渠道计划、构建电商平台等角度对线上线下融合的传统零售商转型升级提出了相应的对策建议。郭燕等（2016）⑤ 分析了"互联网＋"背景下三种传统零售业转型模式，即相互独立模式、相互补充模式、相互融合模式，从而分析得出传统零售企业转型存在的诸多问题，最后从重构业务流程、构筑"场景"模式、充分运用大数据等方面提出了传统零售业转型发展的建议。郭艳和张群（2018）⑥ 分别从经营模式转型、销售渠道转型、

---

① 骆品亮，傅联英. 零售企业平台化转型及其双边定价策略研究［J］. 管理科学学报，2014（10）：1－12.

② 邓阳，汪洋. 全渠道环境下我国百货业转型发展研究［J］. 企业经济，2015（11）：135－140.

③ 杨守德，杨慧瀛. 中国零售业业态结构调整与转型升级：动因、原则及操作标准［J］. 商业研究，2018（2）：155－160.

④ 郭燕，王凯，陈国华. 基于线上线下融合的传统零售商转型升级研究［J］. 中国管理科学，2015（s1）：726－731.

⑤ 郭燕，陈国华，陈之昶. "互联网＋"背景下传统零售业转型的思考［J］. 经济问题，2016（11）：71－74.

⑥ 郭艳，张群. 传统零售业在互联网影响下的发展——兼谈模式、渠道、技术转型之路［J］. 商业经济研究，2018（3）：24－26.

技术转型等角度分析了互联网时代下传统零售业的转型之路。

2.1.2 大型升级改造关键因素作用机理研究

2.1.2.1 电子商务的作用机理

进入 21 世纪以来,随着电子商务对传统零售行业的渗透越来越深,国内外大量零售业转型升级的研究不断涌现。Kolesar 和 Galbraith (2000) 从消费者角度研究了影响其选择网络购物或实体零售的因素,并从及时响应性、可控性、可靠性、有形性和保障等方面做出评价,最后提出了网络零售商提高消费者满意度的方案。张兵(2000)指出,随着电子商务的出现、虚拟市场的繁荣,传统的零售企业依靠实体店积累下来的资源优势正在逐渐削弱,受到的冲击越来越大,零售企业面临转型升级的节点。Koyuncu 和 Bhattacharya (2004)指出,电子商务由于具有价格优势,消费者会更倾向于网络购物。毕红毅等(2009)提出,实体店受到的电子商务的最大挑战在于其顾客源被互联网切断,客源不断流失,传统零售转型是大势所趋,实体店应在电子商务环境下找准定位,营销品牌,摆脱困境。姜旭平(2011)则通过大量数据和现象分析,从客户流失、市场规模与竞争和市场竞争压力三个方面概括了电子商务对实体店的影响和冲击,并给出了实体零售业应对电子商务的建议及措施。黄琳(2014)认为,电子商务的兴起改变了消费方式,随之兴起的网络购物对实体门店的销售产生了巨大冲击,而网络购物带来的巨大商机和利润使企业不断改变营销方式,更致力于开展"线上+线下"模式。而侯妹羽(2014)认为,电子商务实际上是一种高级点的虚拟式的实体经济,虽然会给实体经济带来冲击,但也为零售业转型提供了机遇。李正波等(2016)指出,电子商务虽然对实体店形成革命性冲击,但是也会加速零售业转型升级,提升零售业运行效率,促进消费与经济的良性循环。盛亚等(2015)分别选取了苏宁电器、上海第一食品、海澜之家作为研究样本,采用案例研究法对三家企业商业模式要

---

① 盛亚,徐璇,何东平. 电子商务环境下零售企业商业模式:基于价值创造逻辑 [J]. 科研管理,2015,36 (10):122-129.

素关系进行研究,研究表明,零售企业实现线上线下整合体验是重要的价值创造方式之一。程珂等(2017)认为,不同的电子商务模式对实体零售业的影响不尽相同,并通过分析 B2B(Business – to – Business)、C2B(Customer – to – Business)、C2C(Customer – to – Customer)、B2C(Business – to – Customer)、F2C(Factory – to – Customer)、O2O(Online – to – Offline)六种电商模式得出实体零售采取 O2O 模式具有较多天然优势的结论。

面对电子商务对实体店的冲击,不同学者对于线上是否会取代线下持有不同观点。McIntosh Angus(2001)认为,由于顾客对系统安全的不信任,对商品质量的不信任,对产品运送、付款、退货存在顾虑等,使网络没有成为零售业的主导。Pan Yong(2008)则认为,在信息时代,电子商务的快速发展直接反映了其主要优势,这意味着网络市场可能替换实体市场。Donnelly(2012)认为,实体店在增强顾客购买体验等方面具有不可替代的作用,其存在是十分必要的。卢姗等(2010)认为,由于网购消费群体的特定性,传统网购只是替代部分传统的购物行为,并不能完全取代线下购物行为。

伴随互联网技术的发展以及移动互联网的普及,互联网与实体零售的深度融合将是创新的必然趋势,诸多学者对 O2O 电子商务新业态给予关注与研究。闫星宇和闫自信(2015)① 以苏宁云商为例,分析了"去电商化",更名"云商",实现 O2O 双线盈利的全过程,总结出 O2O 模式转型成功的关键之一在于线上线下平台与其他平台之间的开放与互通。李玉龙和李雪欣(2015)② 基于价值链视角对传统大型零售企业 O2O 双重商业模式整合进行阐释,选取苏宁云商进行案例分析。王国顺等(2016)③ 构建 DEA 模型对我国零售企业 O2O 转型效率进行了实证研究,验证了 O2O 转型是互联网时代下传统零售企

---

① 闫星宇,闫自信. 苏宁云商的 O2O 落地模式研究[J]. 北京工商大学学报(社会科学版),2015,30(6):41 – 45.

② 李玉龙,李雪欣. 传统大型零售企业"O2O"双重商业模式整合分析[J]. 学习与实践,2015(2):23 – 30.

③ 王国顺,支晓静,胡国武. 零售企业 O2O 转型的效率变动实证分析[J]. 系统工程,2016(11):98 – 104.

业实现效率提升的有效途径。陈佑成等（2016）① 通过构建零售企业 O2O 电子商务采纳行为（SCP）模型，分析其行为绩效，结果表明，其行为绩效主要表现为市场需求增加、销售规模增长、市场空间拓展和线上线下营销渠道的协同。吴锦峰等（2016）② 基于传统零售商多渠道转型的背景，从整体顾客感知的四个维度（省钱、便利、娱乐、探索）研究了 O2O 零售系统采纳意愿的影响因素，并验证了消费者网购经验的调节作用。葛明磊等（2018）③ 以制度逻辑和组织双元性为理论视角，选取苏宁云商作为研究案例，研究了组织变革过程中多重制度逻辑的动态演变及其应对。在传统零售商互联网转型过程中，多重制度逻辑在组织变革的不同时期往往呈现出不同特点。

总之，互联网的发展催生了电子商务，而电子商务的高速发展极大地改变了传统零售业竞争格局，改变了零售业的沟通模式及支付模式，也给零售业渠道带来更多的社交性影响。传统零售业整体规模增速下滑，下沉门店日趋饱和，渠道结构亟待优化。面对着零售市场饱和、销售成本上涨的重重压力，大型商场也在不断探索"触网"升级的转型之路，以不同的方式发展电子商务，寻求供应链优化。

2.1.2.2 消费者体验感的作用机理

电子商务对传统商超的冲击与本土百货商店之间的战争，造成了内忧外患的局面，商超也因此急需寻求转型与升级。消费者体验（Experience Consumption）是消费者在与企业互动后产生的，其体验需求也呈现出多样化的趋势，给企业带来了新的挑战与更高的要求。

从全球大背景来看，21 世纪已经逐渐转型到体验经济的时代。1998 年《哈佛商业评论》刊登了约瑟夫（1998）的文章《体验经济时代的来临》，该

---

① 陈佑成，范水生，林荷. 零售企业 O2O 电子商务采纳行为绩效评价研究 [J]. 宏观经济研究，2016（12）：80 – 89.
② 吴锦峰，常亚平，侯德林. O2O 零售系统顾客采纳意愿实证研究——基于网络购物经验的调节作用 [J]. 中国流通经济，2016，30（5）：72 – 80.
③ 葛明磊，张丽华，黄秋风. 产业互联网背景下多重制度逻辑与组织双元性研究——以苏宁 O2O 变革过程为例 [J]. 管理评论，2018（2）：242 – 255.

文明确提到经济演进过程随着消费形态的改变，已从过去的农业经济、工业经济、服务经济进入到体验经济时代。

米雪（2008）认为，百货商店消费者体验能够影响消费者对商店的忠诚度，通过相关研究将消费者购物体验定义为"消费者因商店的一系列诱因感受到不同的刺激后，生理、心理、情绪对该刺激所产生的反应与感知，且这一过程被个体记忆留存，因而对于该刺激产生主观看法，同时会影响顾客未来消费决策的活动"。姚公安（2009）提出，消费者体验满意度维度结构，从而来间接反映消费者与传统商场互动以及与电子商务企业互动过程所感受到的价值。郭国庆和孙乃娟（2012）① 基于中国消费者的样本分析，深入讨论了感知互动类型与消费者体验之间的内在关联。陈信康和兰斓（2012）② 站在顾客感知的视角，运用探索性因子与确定性因子分析探索了创意体验的维度构成。张洪等（2017）③ 从消费者体验的视角，基于"刺激—机体—反应"（S-O-R）框架探究了社会化商务环境如何影响消费者体验，并以"人人网"等为例，实证证明了消费者体验正向影响其参与社会化商务的意识。姚公安（2018）④ 将消费者体验划分为一般体验与特殊体验，并运用结构方程模型研究了消费者一般体验影响特殊体验的机理，验证了消费者一般体验正向影响其特殊体验。线上购物已经成为主要消费模式之一，然而，消费者对于线上消费的体验感往往制约着电子商务的发展，"线上购买+线下体验"作为一种新的消费模式在增强电商消费者体验感方面的优势愈加明显。王志远等（2018）⑤ 从双重视角研究了移动互联网用户体验质量的影响因素，验证了APP质量、网购交易中

---

① 郭国庆，孙乃娟. 新进入者调适中介下感知互动类型对体验价值影响的实证研究 [J]. 管理评论，2012，24（12）：72-83.

② 陈信康，兰斓. 基于消费者体验的产品创意维度构成及测量 [J]. 管理评论，2012，24（6）：66-73.

③ 张洪，鲁耀斌，向纯洁. 社会化商务环境下消费者参与意向研究：基于体验的视角 [J]. 管理工程学报，2017，31（2）：40-46.

④ 姚公安. 电子商务中消费者一般体验影响特殊体验的机理 [J]. 软科学，2018，32（3）：111-113，133.

⑤ 王志远，吴泗宗，翟庆华. 如何提升移动网购体验——基于用户双重视角体验质量影响因素的实证研究 [J]. 当代财经，2018（6）：81-91.

质量及交易后质量三者之间的约束效应。随着供应链水平的不断提升，消费者的体验需求已从传统的产品需求逐步转向信息体验需求。蒋宁等（2018）从消费者对供应链溯源信息需求的视角出发，构建了互联网供应链时代下供应链溯源系统。邵腾伟和吕秀梅（2018）① 通过构建 Stackelberg 博弈模型，并通过实证研究，揭示了在电子商务平台产品展示、网购体验差距越来越小的趋势下，质量安全、产品追溯、物流配送、售后服务等因素均会显著影响现代消费者体验感。

总之，消费者对于产品品质、商场购物环境、便利性、产品多样性等体验可以直接影响消费者忠诚度，而顾客忠诚度是商场"赢得零售市场成功及永续经营最为重要的因素"②。随着商业环境的不断变化，尤其是随着互联网环境不断向好发展，大型商场已将提升消费者体验作为增强消费者黏性及吸引消费者线下购物的重要途径。因此，消费者体验已成为商场升级创新最主要的竞争方式。

2.1.2.3 商场管理服务体系的作用机理

随着社会科技的发展、电子商务的冲击，主题化经营和体验性消费日渐成为零售业市场竞争所关注的焦点，主题性购物商场已经成为购物商场的发展趋势之一。张丹（2013）指出，合适的店家有助于商场构建与之适应的设计、开放以及管理模式。

电子商务的快速发展无疑给大型商场带来巨大冲击。近年来，市场环境受到众多因素的影响，传统实体商业集团受到了电商的严重冲击，消费者的购物习惯正在发生颠覆性的变化。弓萍等（2014）指出，在电商的冲击下，消费者购买决策过程发生转变，使大型商场一方面从促销创新和提高购物体验感来优化实体店经营模式，另一方面尝试开展 O2O 经营模式。潘麒安（2017）指出，随着电子商务在移动信息化领域的不断发展与消费者的消费模式的不断转

---

① 邵腾伟，吕秀梅. 基于消费者主权的生鲜电商消费体验设置［J］. 中国管理科学，2018，26（8）：118 – 126.

② Khalil O E M, Harcar T D. Relationship Marketing and Data Quality Management［J］. SAM Advanced Management Journal，1999，64（2）：26 – 33.

变，传统实体商业集团逐渐认识到线上业务模式可能为其综合营销策略所带来的机会。王楠等（2018）① 通过构建包括物流、资金流、信息流在内的价值三角形模型，基于资源与能力的拓展提出了传统零售企业向跨境电商转型的迁移路径。

近年来，传统零售企业不断拓展线上销售渠道，电商平台也逐步布局线下门店，"新零售"一词孕育而生。赵树梅和徐晓红（2017）② 定义了"新零售"的含义，并对"新零售"的模式及其与传统零售的关系进行了阐述。杨坚争等（2018）③ 通过对我国传统零售企业向"新零售"模式转型的 SWOT 分析，表明了"新零售"模式具有良好的发展前景，并结合"盒马鲜生"等案例，提出了传统零售企业"新零售"转型的升级路径：塑造消费"画像"、搭建全渠道消费场景、建设社区式零售与新型购物中心等。魏国伟和狄浩林（2018）④ 创新性地将生态学理论运用到"新零售"企业竞争力评价指标体系的构建中，提出了"新零售"企业生态位宽度、重叠度及竞争优势测度方法，研究发现，影响"新零售"顾客规模增长的四个关键性因素包括诚信、效用、联通、服务。

总之，大型商场已从开拓线下实体店布局、抢占市场份额的前期战略逐步向服务质量与管理水平的综合提升战略过渡，市场的发展趋势也已经从"价格驱动"逐渐转向"服务驱动"。

2.1.2.4 物流信息的作用机理

在网购井喷式发展的环境下，传统现货商场的营销方式也从传统售货营销转向为体验式营销与连锁经营两种模式。单忠纪（2014）认为，在这一现状下，共有三种物流运作模式——自营物流、供应商直配物流和第三方物流，但

---

① 王楠，郭彪，孙永波. 传统零售企业跨境电商转型模式和迁移路径研究 [J]. 经济体制改革，2018（2）：100-106.
② 赵树梅，徐晓红. "新零售"的含义、模式及发展路径 [J]. 中国流通经济，2017，31（5）：12-20.
③ 杨坚争，齐鹏程，王婷婷. "新零售"背景下我国传统零售企业转型升级研究 [J]. 当代经济管理，2018（9）：24-31.
④ 魏国伟，狄浩林. 新零售企业竞争力评价指标体系研究 [J]. 经济问题，2018（6）：75-80.

2 文献综述与相关理论

物流运营主体自身与发展模式还存在许多的缺陷和不足,无法满足商场营销模式的变化对物流服务的需求。多渠道等零售模式正成为全球零售行业发展的趋势之一。汪旭晖等（2014）① 结合共生理论,首次提出了"线上线下物流共生体"这一概念,并通过构建线上线下物流共生体模型,验证了线上线下物流系统的有效协同对多渠道零售商的绩效提升具有显著作用。王法涛和苑春荟（2013）② 通过构建报童模型来探讨网络零售商与物流服务商、供应商之间的协同机制问题,该协同机制可实现网络零售商供应链协同,绩效可达到最优。

随着信息通信技术、网络零售等不断发展,物流与供应链成为受此影响最强的领域之一,围绕"互联网时代下的物流与供应链整合"这一主题的研究较为集中。如成思危（2014）③ 提出了"虚拟商务"的概念与原理,将生产链与供应链相结合成为未来发展方向,可对人流、物流、资金流、信息流、能流等做到集成化管理。谢莉娟（2015）④ 认为,供应链逆向整合是流通企业应对互联网时代冲击的新式路径,中小零售企业在初期可依附于大型批发组织的领导作用共同参与供应链逆向整合。肖作鹏等（2015）⑤ 探究了"网络零售驱动供应链重组"这一命题,"新零售"结构中,网络零售商对物流供应链的重组效应主要体现为替代效应、上下游效应、敏捷效应、库存效应及推拉效应。研究还聚焦于电子商务对物流的空间影响（商业零售空间、物流仓储空间、交通运输空间）。"新零售"的发展也离不开物流的支持,唐甜甜和胡培（2018）⑥ 则以苏宁云商作为案例,研究了"线上线下+物流"发展模式的成

---

① 汪旭晖,李晓宇,张其林. 多渠道零售商线上线下物流共生体构建模型及策略[J]. 财经论丛,2014,183（7）：82-89.
② 王法涛,苑春荟. 网上零售服务供应链模型构建及协同机制[J]. 中国流通经济,2013,27（7）：14-20.
③ 成思危. 信息化与虚拟商务[J]. 管理评论,2014,26（7）：3-8.
④ 谢莉娟. 互联网时代的流通组织重构——供应链逆向整合视角[J]. 中国工业经济,2015（4）：44-56.
⑤ 肖作鹏,王缉宪,孙永海. 网络零售对物流供应链的重组效应及其空间影响[J]. 经济地理,2015,35（12）：98-104.
⑥ 唐甜甜,胡培. 线上线下+物流融合发展的新零售动因与策略[J]. 价格月刊,2018（8）：90-94.

因，并提出了相关融合的政策建议。针对传统零售企业实施 O2O 转型面临的物流配送网络优化问题，赵泉午等（2017）① 设计了改进拉格朗日松弛算法求解了该问题。

总之，纯零售和纯电商相分离的行业发展趋势将很快被"新零售"这一全新的商业模式所取代，"线上线下+物流"融合发展的模式是未来发展的趋势。零售与物流的结合对于提升消费者满意度、提高资源配置效率具有重要的意义。现代零售业业态的形成与变革不能缺少现代物流体系的支撑，需要传统大型商场实现数据与资源的有效对接，从而构建起搭载物流数据流的现代化物流体系。

2.1.3 产业基金研究

2.1.3.1 房地产投资信托基金

商业地产的"1+N"意指多样化不断满足消费者日益变化的需求。商业地产是一个独特而重要的资产类别。它为投资者提供了拥有资产的机会。在投资领域其主要目标是以一个合理的结构租赁，并从各租户收取租金作为收入。Ooi 等（2007）提出，商业地产可按物业类型、地理位置、发展阶段细分。第一类是核心资产类型，它通常包括多户型住宅（例如最常见的公寓楼）、商场和购物中心、写字楼和工业园。其他不太常见的类型包括卫生保健设施、公共储藏楼、高尔夫球场和酒店。从发展阶段的角度来看，它包括核心（成熟、创收性质）增值（具有增值潜力的创收性质）和注重资本增值的发展属性。

每一个商业地产都有自己的不同长短的回报期。长期回报主要是房地产的净经营收入，并在较小的程度上通过物业价值来增值。从商业地产的发展来看，假设物业维护得当，那么商业房地产的价格和收入增长略高于通货膨胀。相比之下，以收入为导向的物业可能会增加租金，以补偿通胀对价值的"侵

---

① 赵泉午，赵军平，林娅. O2O 融合下的服装鞋类连锁经营企业城市配送问题［J］. 管理学报，2017，14（4）：617-624.

蚀"，从而有效地对冲通胀。不过，罗珉（2005）认为，要维持物业的通胀必需存在着一个调整值，它要依照市场的规律来设定。在这个前提下，租金可以定期调整，而不会因经营成本的变动（例如突然急剧上升）而受到影响。

对于商业地产来说，它有其独特的关注点。Lipson等（2011）提出，鉴于房地产投资信托基金（REITs）一向具有良好的投资质量，许多资产拥有者利用REITs来持续扩大资产。但是，许多投资者的首要问题是REITs能否提供有效的房地产风险规避。虽然房地产投资信托基金是房地产市场的一小部分，并且短期回报率完全不同于其他类型地产。最重要的是，投资信托基金和私人投资（无论是直接持有还是通过私人投资基金）的投资方法都一样。事实上，私人和公共投资基金都能从持有商业地产的资产组合中获得回报。例如，在房地产类型方面，投资信托市场的多样性要优越，这是因为其中包括私人投资基金的大部分类型。此外，商业地产投资信托指数在地理上是多样化的，一般来说它代表了该国所有地区的资产。因此，从扩大资产的角度来说，一个广泛的投资信托指数比任何单一的房地产投资信托基金或私人投资银行更有效率。

商业地产是一个独特而重要的资产类别，因此，可以利用REITs来进行多元化投资组合。然而，与股票、固定收益或大宗商品不同的是，现有的内地市场并不提供纯粹的资产类别风险，这也是大多数投资者或资产所有者面临的最大挑战。Francesco和Feyrer（2007）强调，无论是利用房地产投资信托基金、集体信托、单独账户，还是直接产权所有权，投资者能够接触的部分市场只属于商业房地产市场的一小部分。因此，商业地产投资者必须对其投资的潜力做出详细的分析，对市场的广泛性表现和特殊表现做出对比。对于类似领展类型的商业地产来说，其潜在的短期风险对于大多数投资者来说是可以接受的。因此，从广泛性的不动产投资指数的角度来看，可以作为房地产市场的代理效应，而不需要承担相对集中的、属于私人管理的商业地产组合的非流动性、高成本和管理风险。

2.1.3.2 公司治理模式

在发达国家，国有企业是经济的支柱，对国内生产总值和就业有着巨大的贡献。特别是，国有企业在能源、交通、电信等重要行业中占据主导地位，影响着企业和其他部门的所有业务。国有企业也有着良好的公司治理，以确保其对国家经济建设的积极贡献。但是国有企业与其他类型的公司一样，在复杂的经济环境和竞争环境中面临着许多公司治理方面的挑战。而且，当国家政府作为企业的股东时，挑战变得更加复杂。

首先，私营企业主一般是以价值最大化作为营运目标，他们可以专注于创新和降低成本。相较之下，国家作为股东面临着许多利益冲突。政府需要监管企业、执行法律、控制银行体系，并且通常更关心社会福利、就业和教育问题。如此一来，利益冲突的目标减弱了管理人员和董事会成员的责任和目的。

其次，私营企业和国有企业的所有者在很多方面有相同点和不同点。例如，他们都必须注意管理者在日常职责的执行过程中是否有自利行为，然后要做出处罚措施。然而，国有企业所有者还必须处理政客和官僚们出于政治考虑而产生的行为，这就增加了企业管理和营运的复杂性。公民是国有企业的最终所有者，他们依靠政治家和官僚来充当他们的代理人，照顾他们的利益（Bell & De–Shalit，2011）。也可以说政治家和官僚往往是穷人的代理人，如果国有企业的绩效做得很好，他们可能不会得到直接的经济效益。因此，政治家和官僚将理性地避免在他们的投资组合中有任何争议的行为，并且不一定积极改善国有企业的绩效（因为没有明显的和短期内即取得的回报）。

最后，国有企业的信息披露水平低于私营企业。私营企业的营运活动受到资本市场的约束，也受到金融市场游戏规则的影响，因此必须满足某些披露标准。而国有企业往往没有这样的义务，他们披露的信息较少，而且监控国有企业的动机较少。Clark 等（2013）认为，私营部门和国有企业对管理者的监督和奖励是不同的，从而导致了信息披露程度的不同。私营企业的所有者的动机一般是经济性的，要监督他们的管理者的表现，并使管理者的利益与他们自己的利益相一致。相反，对于国有企业来说，由于所有权是高度分散的，零散的所有权没有价值，不能在市面上出售。因此，国有企业所有者很少有动机监控他们的管理者并要求更高程度的信息披露。

2.1.3.3 "政府挂钩公司"模式

新加坡的历史和经济背景为国有企业的崛起提供了一个合适的环境。Low（2002）研究指出，在独立后的许多年里，新加坡的私营部门很薄弱，因此成立了政府挂钩公司（Government – Linked Companies，GLC）和法定委员会，以提供必要的基础设施。其最初的目的是改善生活条件，使国家对外国投资有吸引力（CALDER，2016）。由于历史原因，新加坡政府通过其在 GLC 中的利益参与许多业务活动，其中许多都在新加坡经济的发展中发挥了关键作用。但有趣的是，虽然新加坡并非社会主义国家中的一员，但其在新中国成立初期就采用"国家资本主义"的方法来发展经济。在这一政策下，GLC 建立了新的就业潜力，为国家建设做出了贡献。新加坡因此取得的经济成就，在海内外被认为是"经济奇迹"。例如，它在 20 世纪 60～90 年代短短的 30 年时间内实现了 GDP 平均每年增长 7.5%，从 1965 年的人均 GDP 500 美元到 1989 年的 10000 美元。到 2008 年，其人均 GDP 已达到 38000 美元（Clark et al.，2013）。因此，可以说，GLC 模式在新加坡的国家经济建设中发挥着重要的作用。

在过去的几年里，世界银行承认新加坡在世界上有着最好的监管和经济环境。透明国际组织一贯将新加坡列为世界上排名前五位的腐败程度最低的国家。《华尔街日报》和《遗产基金会》始终把新加坡列为世界上经济自由度排名前几的国家。亚洲公司治理协会曾多次将新加坡列为亚洲最好的公司治理机构。可以说，新加坡可能是除了美国之外，在全球范围内具有最好的公司治理模式的国家。然而，需要指出的是，新加坡的公司治理模式显然是非美国式的。事实上，所有权分散的、以股东为中心的公司在新加坡几乎不存在。

相反，新加坡现行的公司治理体系几乎完全是由集中的大股东所拥有的公司建立的。Ramírez 和 Tan（2004）指出，90% 以上的新加坡上市公司都有控股股东（他们拥有绝对的控制企业的权力）。此外，随着新加坡财富的增加，其持股比例的增加也与美国公司治理模式相去甚远。美国模式是以市场为导向、以股东为中心的；而在新加坡，所有上市公司的控股股东是政府（这些企业也称为 GLC)，占新加坡股市总市值的 37%。由此看来，新加坡政府是迄今为止新加坡最强大的股东。有趣的是，过去几年里中国内地对新加坡的 GLC 模式越来越有兴趣。它的最初吸引力是显而易见的——它提供了一个非常成功的、可顺手拈来的模式，其中政府仍然是公司治理和经济发展的关键。

然而，对中国内地或者香港特区来说，新加坡模式更具有吸引力的方面在微观经济层面上。Chong（2007）提出，新加坡的 GLC 模式让一般企业也拥有强劲的业绩，促进公司治理体系的革新。此外，平均而言，GLC 提供了优异的资产和权益回报，并比非 GLC 的股票价值更高。在许多绩效指标中，GLC 也做得更好。Low（2002）发现，GLC 通常比非 GLC 更好地管理自己的成本。也就是说，GLC 的低成本销售使其更容易盈利，因为它们经营的业务比较简单。这一发现表明，新加坡的 GLC 与一般政府营运和管理的低效国有企业大不相同。这预示着采取新加坡模式对于领展升级在未来的可持续性发展和经济表现好处颇多。

2.2 商业空间管理相关理论

2.2.1 商业空间

在传统的商业空间理论中，西方学者往往将利益最大化的观点与内外装修、店面配置和市场结构结合起来。到 20 世纪六七十年代，因为受到新理性经济学主义影响，出现了范式转移，即实用主义的空间利用转向理性的、以建立起面向商铺营运效率为最终目标的空间利用。加上以顾客为导向的商业空间的运用理念，Kabadayi 和 Lerman（2011）在针对欧美大型商场的商业空间运用的研究中引入了社会空间、生活空间以及空间实践的概念。研究表明，商场的升级管理必须从空间运用着手。其后的一些研究者，例如 Evans（2001）在此基础上建立了空间理论。该理论认为，空间在现代社会已经成为一种社会产品。社会上的每一个企业的生产模式与营运模式都会生产出适合自己发展的空间。因此，在很大程度上企业的升级管理要关注空间对生产过程和营运过程的影响。对商场的营运而言，空间的限制对商业运作的表现和商场内部的个体（如商户）的日常运作有非常大的影响。

此外，商业空间的运用还引入了消费者日常生活的概念进一步整合空间对消费概念和社会文化的融合度。这对企业的商业实践作为基础有益于空间的关联领域，以及对商品的感知。商场创造和使用空间都反映在日常实践之中，并且对消费者的印象和品牌价值有促进作用。Kurt（1987）提出了商业空间的三位一体的理论来分析商场整改升级的架构。该理论包括商业空间实践、消费者空间实践与商户空间实践。这三个要素属于感知层面，牵涉空间的使用效率、质量控制和升级活动的设计与进行。人类的商业行动、社会空间实践过程中空间的利用与再利用对区位的选择与配置组合息息相关。商业空间的运用属于消费者和管理者构想的层面，其呈现方式包括空间商场本身的样貌与商业意义，包括品牌形象、影像、文字、其他符号及商业理念、营业思维方式等。

Lai 等（2010）认为，现代的商业空间的利用与区域经济、空间组织和流动性媒介的广泛应用对传统的商业时空行为带来了不少改变。一方面，大型企业不得不更新空间管理的方法，这导致了传统商业空间结构的变化对商户和消费者产生了新的态度和行为。空间格局的变迁对于商业界和学术界来说都具有启示意义，其引发了对传统商业空间观的反思和新机会。西方学者在这方面的研究结果主要与商业结构范式做出结合并实践于超大型商业结构中。另一方面，现代化的商业空间利用必然会引出新的管理行为，即基于流动的商业空间结构研究，注重新的技术的产生对原有的商业表现效率的影响。

2.2.2 商业流动空间

Koh 等（2009）将流动空间定义为人、思想、货物在物理空间上的移动。通常情况下，流动性越大，地方的活力越大。在商业环境里，流动性关注的要点在于新的商业方式和加强流动性的方法。不同方法的出现对不同程度的空间的利用有不同意义。尤其是，在全球化和信息化环境下，网络空间的出现对实体地域空间的重构引起了人们对商业场所结构的重新思考。例如，信息技术的硬件和软件的发展加快了企业内部信息的流动和工作效率，这对商业时空结构方法的研究也产生了巨大影响。信息技术的进步加速了对生产要素的利用，包括知识、技术、人力资源、资金、产业科技设备等。这些要素通过不同区域间的交换，使企业经验、生产与消费者接触面和活动范围持续扩大，互动类型更加复杂。

商业流动空间的概念促进了各种各样的产业重构和空间重组，进而改变了内部结构和消费者、投资者等的关系。从这个角度来看，空间格局的理性变化是商业流动空间发挥作用的根本。Gustafson（2000）指出，在理性化的商业流动空间使用过程中，时间、空间及其相互关系都会发生新的变化。例如，更加细化的区域会成为商业活动的主要载体，并通过大量高质量而复杂的设施、设备、网络或移动信息设备将理想的商业要素表现出来。现代商业空间里，流动空间是围绕人流、物流、资金流、技术流和信息流等要素流动而建立起来的空间（Kabadayi and Lerman，2011）。因此，空间结构的组织形式要得到信息技术为基础的网络流线和快速交通流线的支撑，创造一种对企业和消费者都有效的利用方式。在这个前提下，商业活动会变成有目的的、反复的、可程式化的动态运动。

Coelho 等（2003）认为，零售商的营业空间的流动性越来越大。其表现为，管理者将对商业空间特征的可行性研究作为商业营运的基础。对于大多数传统的城市商场来说，商业空间结构与当地商业密度、人口密度有直接联系。因此，商业空间的流动性以这两个因素的空间分布特征分析有效的商业区位的划分。因此，商业空间的高流动性得益于两个导向的技术革新——交通与IT。也就是说，高速交通技术、新颖的IT科技直接影响了空间理念。移动通信基础设施和互联网的迅速发展也有如此功效。

2.2.3 影响商业空间设计的因素

2.2.3.1 结构的整体性与和谐性

对于消费者而言，商业空间结构的整体性与和谐性使空间更具辨识度，让人们更加容易分辨（Morgan and Rego，2009）。国内外在追求色调及商业空间内外部空间统一上有所差异，但是，最终目的都是为了让人们更好地识别，同时也让展示空间具有个性化和独特性，比如让消费者将某种颜色（如红色或黄色）和某些商户的展示标志联系起来。整体性对于外部空间较为重要，而和谐性则对于内部空间设计的标识设计较为重要，展示空间设计上统一的设计是不可或缺的。

另外，Gustafson（2000）认为，结构的整体性与和谐性最大限度地体现了商业空间的个性与商品、服务的质量。另外，商业环境的舒适程度也与整体性及和谐性有关。设计者在商场设计布局时，要考虑入驻商铺与整体商业空间在色调、风格上的协调性，对于不协调的部分，可让整个商业空间设计综合两者的因素，以提升消费者的满意度。

2.2.3.2 多媒体科技与流动空间的结合

得益于多媒体科技，商场管理者在改造商场的时候在播放设备、灯光设备上有更多的选择，力求以高质量的影像和声音更好地吸引顾客。Andreas 和 Stefan（2011）认为，商业流动空间和多媒体科技的结合可以称为一种展示艺术，在提高表现力和感染力的同时可以促进顾客接受信息和观赏展品。

多媒体科技与流动空间的结合也是现代商场空间管理的新要求之一。无论是国内还是国外的大型商场，多媒体工具的使用已经是标准做法（Yasin et al.，2007）。虚拟现实技术和多媒体技术在展示空间设计中的运用，使市场管理者更加直观、清晰地了解改造项目中还有哪方面能加入影像和广播中，让消费者认识商场的文化底蕴，了解产品文化。总的来说，多媒体科技与流动空间的结合带来新的商业空间的体验，强调改造项目中企业文化的参与性和与商户之间的利益互动与交流。

2.2.4 商业空间设计与消费者体验

体验是一种创造难忘的经历,在商业上是以企业为舞台、商品为道具,围绕消费者创造其值得回忆的活动。体验是人们用一种从本质上说很个性化的方式来度过一段时间,并从中获得一系列可记忆的事件(Gustafson,2000),也可以理解为某个特定的外部环境对体验者产生的良好影响。不同的外部环境在不同的时间、地点所产生的影响又不相同,所以设计者还需要对特定的环境有不一样的设计。图2-1所示为消费者体验模型。

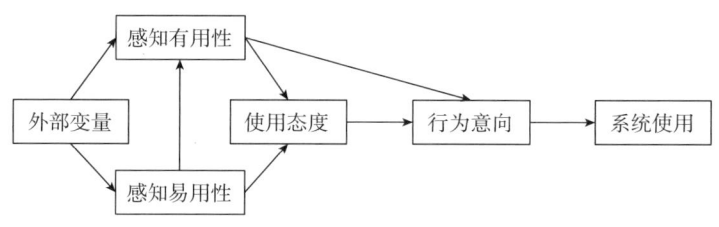

图2-1 消费者体验模型

体验式商场是一种以娱乐生活为主,辅助购物消费的新型商场模式,它强调从生活情调出发,让消费者的感官体验和心理认同,通过环境、建筑和城市风格交汇融合成为一个别具一格的休闲消费场所,激发出消费者的消费心理和购物行为(Romaniuk and Sharp,2003)。

2.2.4.1 消费者的视觉体验

提升视觉体验是商场改造升级的主要目标之一。一方面,商品的展示艺术作为一种视觉艺术,在诸多方面可以让消费者体验到不同的视觉情感。正面的情感和商场空间设计上的颜色、比例、尺度、灯光、影像与声音的结合使用有很大关系。不同的表现形式具有不同的体现效果。例如,Yasin等(2007)指出,在一些大型商场,商品的展示空间当中经常应用的是有节奏性与有韵律性的灯光组合,使气氛向上、充满喜悦。相反,如果使用的灯光色彩偏暗,气氛则低沉、无生气。在空间规划方面,视觉感知(例如商场空间的大小)对消费者购物欲望有很大影响。例如，Kurt（1887）发现，当购物空间当中大部分由垂直线组成时，消费者通常会感觉空间的开阔，加上合理的曲线在边角的运用，会让整个空间显得更加的欢快，从而增加消费者愉悦的心情。

另一方面，Gordon（1994）认为，一般工程设计师重视商场空间上的设计与展示空间的视觉感觉，目的是利用不同视觉工具传达信息。因此，在设计上依据实际情况它们既可作为独立的视觉要素在展示空间中出现，也可和其他要素结合作为传递信息的载体。一般来说，商场所表达的视觉效果越直观，消费者的视觉体验就越直接。因此，空间构成的视觉要素根据展示空间的风格和主题，配以多种文字效果和影像能加深体验。另外，不少商场也已产生形式独特的视觉体验，重视社会流行文化要素与色彩的搭配运用。

2.2.4.2 消费者的行动体验

行动体验指的是人们在某种经历后获得新的生理行为体验和生活方式体验。得益于现代建筑技术的快速发展，如今商场的展示空间与消费者活动空间越来越密切。消费者的行动体验，通过展示空间的内容和展示方式会产生新的感受。一方面，这会引发新的生活方式；另一方面，新的消费者的行动体验可以使消费者积极地投入展示空间当中（罗珉等，2005）。

另外，宜家商场的内部设计也是这方面的典型例子。当人们进入展厅当中，床、地板、柜子以及电视机等专业整齐的配套会让人们在视觉上得到满足（Schiffman and Kanuk，2000）。由此可见，消费者的行动体验与合理的空间利用和搭配密切相关。一个小而完整的空间就能够呈现出新的体验。加上灯光的灵活使用，灯光和色彩的统一也可呈现出不同的感受和风格。这是个体不同而在整体上的统一。对于商场来说，进入大厅当中，先进入消费者眼帘的是色彩，因此需要做到统一，色调布局与暖色调的灯光可以让消费者感受到家的温馨或者娱乐场所的活跃。此外，李志强和冀丽俊（2001）提出，合理的物品摆放会让消费者感到舒服，要避免令消费者觉得拥挤，在这样的视觉体验当中让消费者参与不同的活动，在情感体验与视觉体验的基础上，勾起消费者的消费欲望。

2.3 项目管理相关理论

2.3.1 项目的定义

项目管理,顾名思义,单从字面理解即是对项目进行管理。项目管理从学科属性上属于管理学的研究范畴,其管理的对象是各类型的"项目"(Liang and Lai,2002)。伴随着项目管理理论与实践的发展,其内涵也得到了较大的充实和扩展,衍生出不少新的管理学内涵。项目管理的概念有广义和狭义之分,学术界和商业界从不同的角度给出了许多不同的定义,如表 2-1 所示。

表 2-1 项目管理的不同定义

学者或行业组织	定义
孟庆松和韩文秀(2000)	项目是在有效地利用现有资源的基础上,以完成一系列关联性任务为目标,最终实现一个独特目标的管理过程
世界银行(WB)	项目一般是指同一性质的投资,或同一部门内一系列有关或相同的投资,或不同部门内的一系列相关投资;还可以包括向中间金融机构发放贷款[①]
Baack 等(2013)	项目就是一个计划要解决的问题
联合国工业发展组织(UNIDO)	一个项目代表投资的一个用于工厂或企业扩建的提案,使一定周期内提升劳动生产率及社会服务
美国项目管理协会(PMI)	项目是为完成某一独特的产品、服务或任务所做的一次性努力
国际标准化组织(ISO)	项目是由一系列具有开始和结束日期、相互协调和控制的活动组成的,通过实施活动而达到满足时间、费用和资源等约束条件和实现项目目标的独特过程

---

① 李鼎谦. 艾默生公司研发项目管理效率改进研究 [D]. 湖南大学硕士学位论文,2017.

2.3.2 项目管理的成功因素

影响项目管理成功的因素众多，项目管理的过程中，任何一个环节无法配合，都会造成项目管理的失败。李志强和冀丽俊（2001）发现，项目管理与某些技术和团队管理能力有关，包括激励团队成员、发展良好的工作氛围等。饶扬德（2008）指出，时机是关键成功要素中最重要的因子。

一般来说，各个阶段加强管理控制，是项目成功的主要原因。如图2-2所示，最上层的成功因素是企业基础设施，然后是人力资源管理、技术开发和采购，最下层的要素才是项目管理技术性要素（Walker and Lloyd - Walker, 2012）。

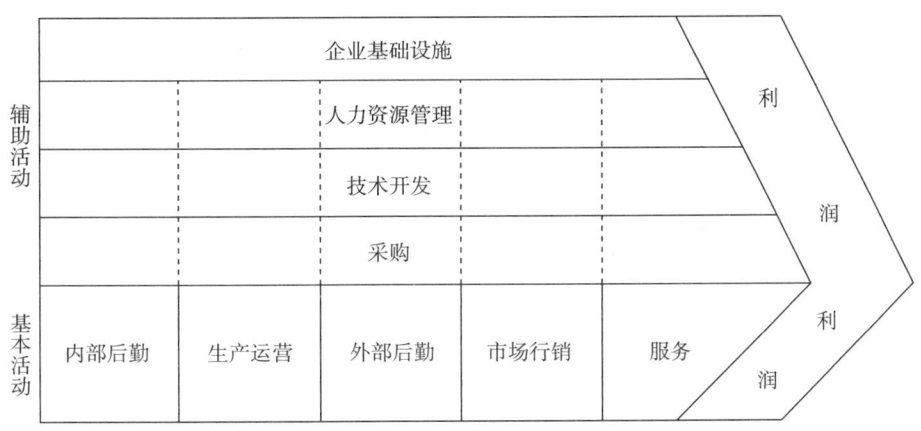

图2-2 项目管理的成功因素

2.3.3 项目管理的阶段与目标

因为每个项目都具有自己的特点，因此相应的项目管理的阶段与目标也各异。Yoo等（2000）将项目管理的阶段定义为实施项目大小事宜和发展所经过的标准或者非标准化的程序，决定了项目的最终结果。依照这个观点，项目管理的每个阶段可视为将人力和财力的投入转化为产出的一系列活动。从最优化项目管理结果的角度来看，一个适宜的投入—产出程式必不可少。此外，项目由多个过程构成，决策者的目标需要以有效的目标为导向。例如，Yoo 等 (2000) 提出项目的目标设计可以以成果为导向。成果导向一般由企划人定义项目的生命周期，并在专案的各阶段列出必需的资源和人力。此外，项目的目标设计可以以过程为导向，每个过程需要完善的工作描述、组织安排各项工作。过程导向可以包含不同的子过程，而每个阶段的子过程又可以包含面向更小的子过程，它们在专案的整个过程中重叠并相互作用，在面向大型的项目时，各不同的子过程彼此紧密配合，有效率地推动企业改革或者内部升级的进程（Czinkota and Kotabe, 2001）。

如图 2-3 所示，Swartz（2007）提出，项目管理目标在于时间、品质以及成本三者之间的折中协调。决策制定者、管理者、员工之间需要获得共识并确保每个任务都能成功完成。例如，在"勘察设计阶段"，决策制定者要确保任务的制定和完成时间符合规定要求。在"工程施工阶段"，管理者需要深刻认识利益相关者的期望要求，要顾及实施范围、品质要求、利润或成本目标、时间目标以及必须满足的法规要求等。他还认为，大型项目需要强大的经济支持，因此，品质、成本、进度三者是互相牵制的。

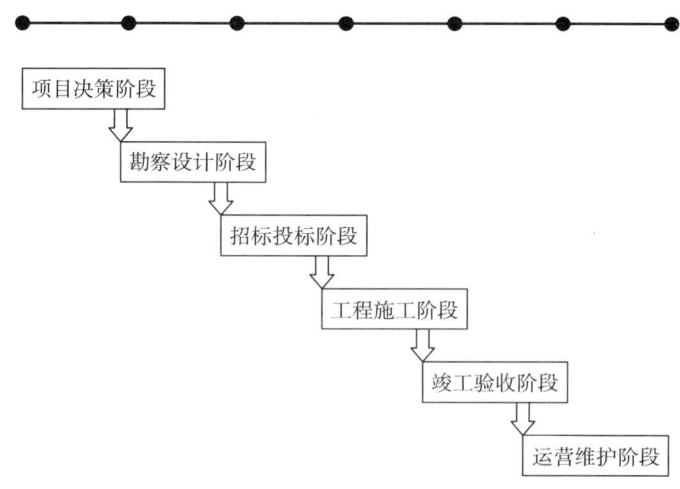

图 2-3 项目的不同阶段

2.4 IPA 决策模型相关理论

2.4.1 IPA 决策模型简介

IPA 模型中的 I 是指资讯（Intelligence），P 是指选择（Preference），A 是指行动（Action）。Intelligence 是决策者运用有用的资讯，发掘问题特点、分析问题成因、唤起解决问题的意识等的一种发现并定义问题的过程（罗珉，2005）。由于 IPA 模型在被应用的过程中有几个阶段，与之相关的是"认识问题"的阶段。Preference 则是决策者针对既定的决策问题，去发现、构思、设计与分析各种解题方案的过程，与之相关的是"设计对策"的阶段。而 Action 则是决策者针对各种可能解题方案进行评估，并做出最后抉择的过程，与之相关的是"抉择对策"的阶段。IPA 模型是商业决策领域的经典，它很清楚地表达了管理的精华思想，认可管理高层次的认知活动（Laursen and Myers，2009）。

在实践过程中，管理者所需要做的是针对项目的特性设计相应的决策模型，包括投资决策、分工流程和实施流程等细节。投资的决策流程提供了一个决策过程的逻辑顺序，为企业在不同的商业环境或者不确定情况下做出正确的决策和解决问题的路径。IPA 决策模型从风险和回报的角度评估所投资资产的价值和收益，在此基础上形成了现代投资组合理论。不少现代学者将现代投资组合理论运用到项目的选择和管理活动中，项目组合管理理论由此逐渐发展成熟（Koh et al.，2009）。因为这个原因，IPA 能够增强商业组织的战略并给予最优化决策的指导。在这个影响之下，商业组织可利用的资源变得更多，进行多个项目时可选择的方式和财政支持也变得更强（Najafi et al.，2013）。

IPA 这一特性明确地为项目管理增加了新的内涵，项目管理基本思想也就变得多样化。通过这个方法，各个项目之间能够达到恰当平衡，占用的资源不会为企业带来严重的压力。此外，实际实施和运作与组织目标保持一致（Wendy，2015）。

2.4.2 IPA 决策模型如何应用于项目管理

在逻辑上，任何项目管理都需要认识问题的差异性，才能区分"认识问题"和"寻求对策"的过程。Shenkar（2009）针对大型商业项目提出，设计对策应该将每一阶段再分别展开成几个细小的步骤，然后依据经营的寻求展开成构思。这往往需要应急方案与项目成果预期报告，才能总结出符合现实情况的评价方案与取舍对策。此外，决策模型在程序上也有一个特性，那就是任务实施的平行性，意味着一系列的任务会在同一个时间段交叠在一起。因此，项目的价值在最终都会得到进一步的提升。如果前一阶段的认知需求没有得到充分满足，就提早进入下一决策阶段，在后续阶段的决策过程中难免会出现必须回到设计上层再去补足的情形。

吴菲菲等（2010）提出，在寻求对策的阶段，应该首先以构思方案为起点，将所有涉及的从开始到结束的任务当作方案的方向。这样做的好处是让工程的实施方根据实施的程序中所掌握的资源和人力，去设计具有明显效果的解题方案。当决策者认为所涉及任务与利益相关者的价值判断不能够联系起来时，则需要在会议上反映。此外，后果预测过程中应将当下的经营和后续的后果纳入规划的范围内。寻求的对策以最终效果为导向。从解决问题的角度来看，对策抉择认知上的内涵与评价方案是对等的，而工程实施的步骤与每个对策所构成的风险是对等的。其中，方案的评价是以决策者的价值观为基础，对设计对策阶段所预测各方案的预期后果赋予价值；而最终对策的取舍则是决策者针对各个方案所具有的多元价值属性经营目标所做的偏好判断。

由于商业决策作为解决商业问题（例如利润率下降）的手段，它的实际选择过程需要因地制宜（即考虑当地的经营环境），随情境而改变经营目的。所以决策的架构和用途也必须经得起这种适用性的检验。从项目管理的效率来看，决策的选择需要高度的规范性。而从架构的角度来看，可以由上到下地实施，也可由下到上地实施。要决定哪种结果便需要检查企业的内部文化、视野和价值，作为诊断决策失误的一把标尺。例如，由下往上的实施过程，需要对全体员工做出准确的任务描述和明确个人在企业中的功能。因此，任务的分组具有延展性和强韧性两个特质。

对所有管理人员来说，决策的架构可以在现实中找到现实世界经验的投射对象，并且通过这种对应关系可以发现，决策与任务之间是贯通的，而每个决策之间也是动态互动的（Liao and Yu，2012）。这些作用对决策有指导作用。对于利益相关者来说，项目管理者需要根据这个架构作为整合决策和认知的平台，才能系统化分析问题。和利润相比，他们所有的项目任务最重要的是根据这个架构综合运用相关的知识与技能去执行决策和相关的任务。多数商业决策研究者认为，如果对项目的实质能有清楚的认识，可以在执行之前检验与定位项目的可行性。所以，面对大型项目，管理者需要懂得运用灵活方法做出决策：①解决问题的必要性；②与问题有关的前因后果；③决策所要达成的目标；④准备至少两个应急方案。

2.5 利益相关者理论

2.5.1 理论介绍

20 世纪 60 年代以来，欧美的企业价值取向开始出现变化——从利润最大化开始转向股东至上或者利益相关者价值为主。利润最大化的价值取向是建立在资本雇佣劳动的逻辑之上。它在很长一段时间是全世界主流企业理论的价值取向。从 20 世纪 70 年代开始，欧美更加注重利用外部因素来管理和控制公司，这也被称为一种新式的、人性化的企业治理模式。与传统的利润最大化观点相比，利益相关者理论认为，任何一个企业的发展都与利益相关者（如股东、债权人、雇员、消费者、供应商）的投入或参与活动息息相关（Beshears and Gino，2015）。

在现今的商业世界，利益相关者理论成为发达国家的价值取向。从系统科学管理的角度来看，该理论是一种博弈，从主体的整体与部分、商业操作的全局与局部以及层次结构关系来制定商业决策。可以说，正是因为利益的分配导致了这种相互作用，才有了利益的系统评估与资源的配置考量。企业在分配物质资源和人力资源时要将所有利益相关者作为产权主体，使每个人或者群体都是平等的、独立的，具有同等的获利机会。

2.5.2 利益相关者的划分与其对商业决策的影响

利益相关者的划分因为企业的性质（例如大小、经营范围、技术等）而有所差异。一些企业按照每个群体的责任的大小来安排分配利益的优先顺序。需要指出的是，在现代商业社会，大多数企业都负有一定的社会责任或者使命。但是，有经济优先于社会责任的企业，也有责任优先于经济的企业，这完全取决于企业领导者的价值观和愿景。一般情况下，领导者是两者权衡。Evans（2001）强调，社会责任型的企业皆较偏向于以社会手段实践商业目的，盈利依然是组织角色最重要的使命。而有些企业认为社会责任是比较不重要的企业责任，认为利益相关者理论实质上是企业在实践社会责任，而作为附加利益成为企业经营策略。因为效果显著，很多企业亦有类似的倾向，例如服务业中，多数企业认为利益相关者能有效地帮助消费者回馈于企业，因此能作为主要经营策略考量，由此可见企业的策略性与责任的联系（Kurt，1987）。但是，这些企业在根本上仍旧脱离不了对利润获取的渴望与关注，而企业所谓的义务责任只是为了实现组织目标的具体呈现罢了。例如，商场与商户各自承担的责任间并未互斥，不同责任间亦可能存有"关怀利润"与"关怀社会"的冲突。

Lai等（2010）认为，企业在利益相关者方面的投入反映了其在社会责任的投入，会产生一些正面的经济结果。在这方面，利益相关者的划分的重点不在于辩驳企业是否应注重利益相关者,而是如何将企业资源置于最主要的利益相关者身上,以最大化利润。但是,企业如何投入社会、扩大利益关系人的利益亦成为经营策略的一部分。从利益相关者的角度来说,他们诉诸企业保护自身利益是一种投资,也是博弈。若加入股东、消费者等的理念,仍值得推展。无论如何,利益相关者是社会发展和商业成熟的表现,而不是基于特别的情景而建立的。因此,利益相关者的划分或许有标准答案,重点在于企业如何对待利益的博弈。

Romaniuk 和 Sharp(2003)认为,企业要清晰地划分利益相关者,必须着眼于企业目标,在诸多利益相关者互相冲突过程中寻求一种动态平衡。Koh 等(2009)提出了两种有代表性的方法。

如图 2-4 所示,第一种划分方法是根据利益群体在企业经营活动中承担的风险分为自愿利益相关者和非自愿利益相关者。第二种划分方法是根据利益群体与企业的联系性分为首要的利益相关者和次要的利益相关者。

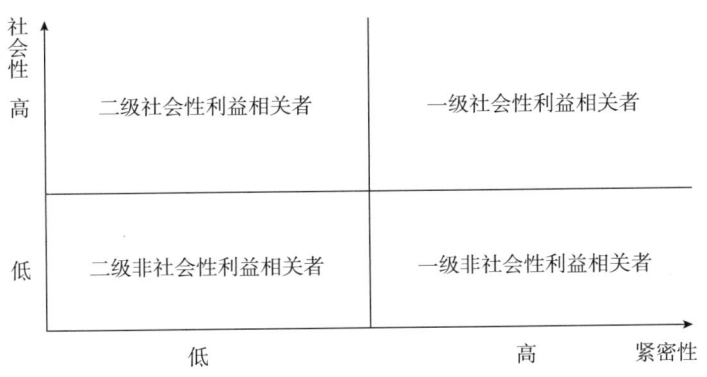

图 2-4 利益相关者的划分

以上两种是较为常用的划分方法。Coelho 等(2003)从多个维度来细分利益相关者的类型。但该方法的不足是利益的交集实在太多,在实际的企业管理过程中缺乏可操作性。但是在理论上,该方法的思路大大深化了人们对企业利益相关者的认识。Kurt(1987)对利益相关者理论的产生与发展历程进行了研究，主要归纳出27种最具代表性的定义，并提出了一种有效界定利益相关者的评价方法。Pride 和 Ferrell（2006）明确指出，利益相关者的划分要以利益的流动方向为准——谁是企业的利益相关者便能一目了然。

国内学者对利益相关者划分研究的深度与广度日益增强。例如，崔晓明等（2013）① 提出了有效识别核心利益相关者的方法，并提出了核心利益相关者演化危机处理阶段模型。樊骅和刘益（2014）② 将媒体引入企业利益相关者的划分过程中，将企业利益相关者划分为四个维度：规制、组织、社会团体、媒体。林淞（2016）③ 在提出网络文化企业利益相关者理论的基础上，设计出网络文化企业社会责任（CSR）的实现路径。彭为等（2017）④ 以社会网络视角量化研究了两个代表性政府与社会资本合作（PPP）项目的利益相关者群体，结果显示，处于社会网络中心位置的利益相关者往往具有较高的影响力。伍健（2017）⑤ 研究了企业愿景对利益相关者的作用机制以及有效性。

2.5.3 利益相关者与工程项目价值链

对于大型企业来说，它们的升级改造工程项目具有周期长、风险大、投资金额巨大的特点，正因如此，它们利益相关者的利益要妥善地从规划、设计、建造到竣工规划进行考虑。例如，Wang 等（2012）提出，在前期的规划阶段，投资者是首要的利益相关者，他们负担着诸多的经济风险。最优化价值链意味着需要实现预期的投资回报与企业的项目利润。只有获得足够的回报，才能对之后的利益相关者间的利益进行合理分配。

---

① 崔晓明，姚凯，胡君辰. 基于利益相关者的危机管理理论研究——来自2008—2012年危机管理成败案例的证据［J］. 中国工业经济，2013（4）：120-132.

② 樊骅，刘益. 对利益相关者的社会责任与企业价值的关系研究——媒体与社会团体责任的调节作用［J］. 管理现代化，2014，34（6）：72-74.

③ 林淞. 基于利益相关者分类及影响下的网络文化企业CSR实现路径选择［J］. 管理学报，2016，13（12）：1866-1872.

④ 彭为，陈建国，伍迪等. 政府与社会资本合作项目利益相关者影响力分析——基于美国州立高速公路项目的实证研究［J］. 管理评论，2017，29（5）：205-215.

⑤ 伍健. 企业愿景在利益相关者管理中的作用：内涵、作用机制及有效性［D］. 华中科技大学博士学位论文，2017.

在工程项目价值链中,不同利益相关者为了实现项目价值进行不同内容和形式的合作。但是,由于大型工程项目的资源、建设环境、制度条件等因素,不同利益相关者对工程项目有不同的要求,不可避免地在过程中会出现一些冲突与矛盾。他们利益的分配也因此发生变化,从而影响工程目标是否能够顺利实现。可以说,对以上因素的处理是合理配置资源和保证工程项目目标实现的前提,同时这也是一种项目价值的增值和利益管理的基准(Hu et al., 2010)。

Gordon(1994)从期望值的角度来进行价值链的分析,提出不同利益相关者对项目的期望值不同,对项目的进展和最终结果的影响程度也不同。对于管理者来说,他们需要明确识别不同利益相关者的期望。在传统商场升级中,选址、建造、内部装潢、设施、各大区域的划分、铺面的租金都有不同的期望,从而形成升级的总体价值链。Savitsky等(2005)认为,项目的各个环节都应采取一定的措施以确保相关者的期望得到保证(如进度),从而提高整个项目价值链的完整性。由此,整个生产价值链的效率得到了总体的大大提升,实现在一定的成本内创造最大的价值。

2.6 财税与产业、基金之间关系理论

2.6.1 财税制定的原则

零售产业对于国家具有非常强的经济性,巨大的发展和成长空间让政府每年在产业内投入天文数字的资金。我国政府近年来制定了一系列相关政策来促进零售产业的蓬勃发展,然而财税政策的基础性地位依旧无法撼动(Francesco and Feyrer, 2007)。世界各国的财税政策在其指导思想与具体做法上皆各有特色,侧重点也有所差异,但实施的基本思路都是以施政目标取向为依据,以产业的发展趋势为导向。在经济全球化背景下,香港地区的零售产业受益于政府

的自由主义政策,在自由的市场经济条件下发展出了全球数一数二的零售巨头。香港特区政府对零售行业等相关领域在财政上往往提供超过其实际所需投资的资金,并且在财税政策的制定上也相对优惠,带动整个香港地区及全体民众对零售产业的支持,并在此基础上吸引中国内地及海外资本的进入。可以说,香港的零售产业的大部分经营要依靠市场来获取效益,另一部分来自政府资助和税收优惠。

财税政策的制度看似简单,其实需要非常明确的原则。第一个原则是Cummins 等(1996)提出的,政府的财税部门的责任是要为市场经济规律发挥作用创造条件,虽然零售行业有着自己的经营模式,但是如果在有效的财税政策支持下,更多的经济效益可以被解放出来。第二个原则是制定财税政策要符合市场运行的规律。从根本上说,政府的财税政策只是一种干预,而非直接操作。理应解放和发展企业的生产力,给产业足够的发展空间。特别是在发展中国家,财政政策还肩负着打破产业低迷的局面。例如在中国,税收部门越来越强调产业的意识形态(例如企业的组织愿景和任务),从而形成国家经济的支柱、完善产业的管理体制,帮助和推动建立与市场经济体制相适应的产业体系,培植具有竞争力的市场主体(吕冰洋,2011)。第三个原则是制定财税政策要符合产业的实际情况和市场的国家的宏观经济条件。Francesco 和 Feyrer(2007)发现,各国制定包括财税政策在内的各项措施,都是从本国经济社会发展和产业的实际情况出发的。闫坤和于树一(2016)① 从我国供给侧结构性改革的时代背景出发,结合中国国情,提出了若干促进我国供给侧结构性改革效能提升的财税政策建议。林亚清等(2017)② 基于财税政策的视角对我国供给侧结构性改革以及改革的顶层设计提出了诸多建议。朱小会和陆远权

---

① 闫坤,于树一. 促进我国供给侧结构性改革效能提升的财税政策研究 [J]. 国际税收,2016(12):28 – 34.

② 林亚清,魏志华,赵娟等. 供给侧结构性改革:现实依据与财税政策选择 [J]. 财政研究,2017(4):95 – 111.

(2017)① 从碳减排的时代背景出发,综合运用科斯定理等理论对环境财税政策与金融支持的作用机理进行了有效阐释,研究表明,环境财税政策与金融支持共同作用于碳减排。王朝才等(2017)② 将研究视角聚焦于国家特殊功能区的财税政策自适应性上,据此提出了包括四个维度在内的国家特殊功能区财税政策适应性评价指标体系。廖家勤和孙小爽(2017)③ 从国家推动汽车产业转型升级的背景出发,从价格激励及供给侧结构性改革的角度提出了完善新能源汽车财税政策的建议思路。

2.6.2 财税政策的实施目标

财税政策被认为是激励产业发展的重要工具,财政补贴与税收优惠是两种最具代表性的作用方式。彭昱(2013)④ 从财政补贴与税收优惠两个视角,构建了有效推动我国储能产业快速发展的财税政策体系。赵国钦和高菲(2016)⑤ 基于上市公司面板数据,比较了所得税、流转税和财政补贴对传统产业和高新技术产业发展的影响效应。高秀平和彭月兰(2018)⑥ 发现,财税政策对企业偿债能力与盈利能力的影响具有差异性,税收优惠对企业盈利能力等整体经营绩效来说更具有效力,而财政补贴则对企业技术创新的推动力更强,且从整体上看,税收优惠政策的效果优于补贴政策。安苑和王珺(2012)⑦ 基于产业技术复杂度,研究了地方政府的财税行为特征对产业结构

---

① 朱小会,陆远权. 环境财税政策与金融支持的碳减排治理效应——基于财政与金融相结合的视角[J]. 科技管理研究,2017,37(3):203-209.
② 王朝才,石英华,张鹏等. 特殊功能区财税政策适应性评估的探索研究——以推进长吉图开发开放先导区建设财税政策为例[J]. 财政研究,2017(4):85-94.
③ 廖家勤,孙小爽. 新能源汽车财税政策效应研究[J]. 税务与经济,2017(1):86-93.
④ 彭昱. 推动我国储能产业发展的财税政策研究[J]. 财政研究,2013(5):40-43.
⑤ 赵国钦,高菲. 引导产业发展的财税政策选择——基于上市公司面板数据的分析[J]. 税务研究,2016(10):22-27.
⑥ 高秀平,彭月兰. 我国新能源汽车财税政策效应与时变研究——基于A股新能源汽车上市公司的实证分析[J]. 经济问题,2018(1):49-56.
⑦ 安苑,王珺. 财政行为波动影响产业结构升级了吗?——基于产业技术复杂度的考察[J]. 管理世界,2012(9):19-35.

升级的影响。黄显林（2013）① 基于分权背景下的省级面板数据分析，探讨了财税政策演进对地区产业结构的总体影响及空间效应。毛军和刘建民（2014）② 基于多因素面板平滑转换（PSTR）模型研究并检验了财税政策对我国产业结构升级的非线性效应。胡小梅（2016）③ 利用中国省级面板数据研究了财税政策对产业结构升级的影响机制，研究结果表明，财政政策对产业结构升级的影响表现为一种具有调整惯性的动态系统过程。

财税政策的实施目标因国家和产业环境而不同。Devereu等（2002）提出，财税政策以发展多元化产业为目标。这一财税政策的代表国家是英国。考虑到英国零售行业发达，财税政策有大部分功劳。Klapper（2006）研究发现，财税的实施目标也有以保护产业为主的。例如，法国格外重视传统文化的保护，并且拥有当今世界最为完整的文化产业税收扶持政策，在国际贸易中始终强调文化产业的"税收法例外"。法国政府大量投资于文化产业基础设施的建设，兴建图书馆、博物馆、剧场等文化设施。各施工项目的资金来源得到保证，行业经营者的信心也大增。

此外，仅仅依靠国家的财政资金还远远不够，产业基金则是财税政策之外的有效补充。例如，日本通过设立动漫与影视产业基金，建立了多层次、全方位的资金来源体系以支持其文化产业的发展，确保产业的永续发展。总体而言，日本以税收优惠政策为导向，明确国家文化产业发展战略并制订中长期发展计划。产业基金还可用于资助动漫、影视为主题的大学和培训机构，并协助文化产业人才的培养。

基于以上几个国家的例子，吕冰洋（2009）提出，应该借鉴国外先进的财税政策模式，主要注意以下几方面：财税政策要协助产业的创新，每个产业

---

① 黄显林. 财税政策演进对地区产业结构发展水平的影响研究——基于分权背景下的省级面板数据分析［J］. 经济经纬，2013（6）：149-155.
② 毛军，刘建民. 财税政策下的产业结构升级非线性效应研究［J］. 产业经济研究，2014（6）：21-30.
③ 胡小梅. 财税政策对产业结构升级的影响机制与效应研究［D］. 湖南大学博士学位论文，2016.

都有自己的发展风险和投资风险,对于投资者来说,财政政策可以为企业的创新、竞争力、资本储蓄、市场份额和经营管理能力等方面给予支持;对于一些风险特别大的投资来说,要注意有潜力的创新企业,但是不要过分纵容股权投资的行为以免伤害新的投资者加入的动力。

2.7 研究述评

国内外对于商场升级的相关研究非常成熟,但是将财税、产业基金作为研究对象的研究却很少。过去十年内,商场产业的竞争强度和消费者需求变化使营业的挑战越来越具有复杂性,并且会产生不少风险和发展机会。刘文婧(2014)指出,欧美零售行业的下滑是因为没有一套战略方针引导财税政策形成一个强大的基金以协助产业的永续发展。相比之下,香港特区的商场似乎在这方面战略方针和经营管理的力度也不够,需要更多地关注财政环境所带来的影响。例如,和美国的商场相比,香港特区的商场所面临的税收环境大为不同,因此基金积累的模式也不一样,大部分学者根据公共经济学相关理论,探讨市场、财税政策与产业发展的关系,企业税收如何转化为产业的发展基金。有鉴于此,笔者希望在研究商场升级的同时,探讨以上两个研究对象对商场产业的影响,而且如此一来研究的创新程度非常高。一方面,笔者希望研究角度可以从产业出发,探讨商场开发商、业主的投资决策;另一方面,笔者希望能够验证商场产业发展的成熟与财税政策、基金的充足率是否有关。

本书选用领展商场作为案例研究对象,理由为:领展商场在香港特区有悠久的历史,它的开发战略、对开发商能力的要求以及利用租金使资产增值的方法都在业界成为典范,也让本书的调查报告更加具有说服力。笔者也希望能够借鉴他们的研究成果创建一个适合的研究模型,还完善了理论基础和实证研究的基础。因此,本书通过领展的案例能够挖掘商场升级的更深层意义,通过深入分析梳理较为复杂的管理和决策问题,以期能刻画出一个完整的画面,去描述在升级过程中每个项目的实施细节和面临的难题。总的来说,领展的经验能够揭示在这种情况下最有效的策略。鉴于以往学者的研究结果可能并不能直接在领展商场上套用,本书的模型综合了以往模型的优点,剔除了不适用的部分,使广义的商场管理理论能在本书特定的模型内使用。

2.8　本章小结

本章首先对国内外研究现状进行了综述,主要从大型商场升级策略及关键因素、大型升级改造关键因素作用机理、产业基金三个主要内容展开。本章还对本书涉及的相关概念与理论进行了综述,包括商业空间管理相关理论、项目管理相关理论、IPA决策模型相关理论、利益相关者理论、财税与产业及基金之间关系理论等。通过相关文献梳理可以发现,目前对商场升级改造作用因素的定量分析还比较少,且从产业基金的角度探究商场升级的研究依旧匮乏。基于此,本书将以"大型商场升级改造"为研究核心,综合运用实证分析与案例研究进行假设检验,充分围绕升级改造关键因素、作用机理与产业基金等问题展开深入研究。

3 理论基础与研究假设

3.1 大型商场升级及产业基金理论基础

3.1.1 大型商场升级改造的关键因素

3.1.1.1 商场的资源与产业能力

香港特区百货公司林立,竞争程度非常大。所有著名的百货公司,例如海港城、国际金融中心、时代广场等都在过去十几年进行了数次的重整、改装、升级,目的是提高经营的效率并且在竞争压力越来越大的环境下最大化营业利润。本书认为,商场升级必须配合有效的商品行销才能从整体上以新颖的、国际化的设计吸引顾客。考虑到各大商场的商品与品质的同质化程度非常高,商场的改造所需时间务必要越快越好,这样才能提高大型商场的竞争力,创造绩效。

自从20世纪80年代起,学术界一直以资源为基础的观点去解释百货商场的商业成功、提升竞争力的成功因素。对于香港特区的百货商场来说,该观点同样适用。诚然,在现代商业界资源的同质化是非常高的,这使各个商场的商品数目、内部竞争力、经营多元化程度都大同小异。以资源为基础的观点，其优点在于它能审视商场的资源的异质性是否对于提升商场的竞争力有着显著的作用。同时，它将商场的资源放在整个产业的结构中去解释它的来龙去脉，评估它对建立竞争优势的作用。依据资源为基础的理论架构，任何企业都不是一个"黑盒子"，因此任何策略的实施与内部资源和外部资源都是有一定关联的。

另外，根据Hartzell（2006）的观点，一个企业的资源可以定义为有形及无形资产的总和，而且由于它们的消耗是动态的，因此它们对于企业的影响表现在短期与长期的绩效方面。一般来说，大型商场的资源包含财政资产、物质资产、人力资源与产业经验。本书通过查阅香港商场的经营范围，认为该资源还应包括一些企业长年累月积累起来的无形资源，例如竞争优势、分销渠道、供应商网络等。通过这些无形的资源建立起的能力决定了企业在产业内的营收能力。本书还发现，在资讯时代，无形资源还应包括资讯、B2B、C2C等网络。由于本书的研究对象为实体商场，因此认为此等资源的重要性只属于次级，不做过多分析。

从商场升级的重要性来看，商场的无形资源与有形资源的分配与永续经营有着密切关系。一方面，商场的永续经营依赖于永续竞争力，而永续竞争力则来自宝贵、独特的资源。因此，要探讨商场升级、改造的成功因素就不得不讨论商场拥有何种资源。不少学者认为，企业的资源决定了其经营能力，并且在一段时间内经营能力能够转化为竞争优势。另一方面，香港特区的各大商场的资源其实可以通过某种途径查明，因此并无实际的隐秘资源用以建立独特的经营能力。针对这方面，本书参考了Guercini和Ranfagni（2013）的观点，认为在这种创业情况下，各大商场的升级会趋于同质化，管理者亦会倾向于持有升级所带来的风险更大，宁愿不升级以保持目前的紧张状态（前提是目前在盈利）的观点。

为了减少风险，以资源为基础的商场升级更注重如何在产业内建立竞争地位。一般情况下这包括两个过程：第一个过程为发展产业内的竞争力，而第二

3 理论基础与研究假设

个过程为竞争力的鼓励。两个过程都需要管理者做出大量的商业决策去取得永续经营的可能性。一些决策是从企业的短期经营目标出发，而另一些决策则是从长远的产业波动、全球化等角度出发。其中，企业资源的收集、分配与长远目标的关系更为密切，因此长远目标的设定一般包含商场的选址、建造结构与租户组合等。尤其在现今高度竞争的商场行业，如何吸引新租户和挽留旧租户成为商场管理者的一大课题。企业相当一部分的资源的使用就是针对这方面的，要确保商场升级完成后能对租户产生"锚固效应"（Anchoring Effect）。

在升级完成后，商场会重新开业，商场的管理者通常会将政策制定的重心转移到短期的经营目标上，例如控制租户组合、管理空置商铺、多元化商铺出租服务、多元化商铺租户的增值服务、引入灵活的营业时间和面向租户的沟通与反馈计划。为了深入了解领展商场这一方面的细节，本书在理论分析之后会采用深度访谈的方法采访领展商场的营业经理（Operation Manager），希望通过更多的细节帮助我们理解资源和产业能力对于商场升级的重要性。另外，本书在参考各个学者的观点之后提出以下对于商场升级来说最重要的资源与产业能力（见表3–1）。

表3–1 商场升级最重要的资源与产业能力

有形资源	A. 可及性方面	战略选址
		访问的容易性
		宽敞的室内环境
		足够的停车位
	B. 租户组合与商铺价值	多元化的租户组合
		多元化的商铺风格
		高素质的零售商
		品牌度高的租户
		品牌度高的店与专营店
		面向高度成熟的消费市场
		高素质的消费者
		高素质的独立零售商
		适中的价格
		齐全的配套、消闲娱乐设施

续表

有形资源	C. 内部气氛	吸引眼球的建筑结构和设计
		创新的营销组合手段、工具
		有趣、多样化的商场活动和展示
	D. 技术资源	国内外最新的管理技术
		国内外最新的建筑技术
		国内外最新的营销技术
		国内外最新的升级、改造技术
无形资源	A. 服务	停车空间
		高质量客户服务
		更长的营业时间
	B. 人力资源	极具影响力的领导人物
		效率极高的团队
		独立工作绩效高的个人
		高度专业的客服团队
		身经百战的营销团队
	C. 财政资源	雄厚的经济基础与实力
		多渠道的融资方法
产业能力	A. 营销能力	对产业的升级、改革具有浓厚兴趣
		对消费者负责
		能够高效执行不同的广告活动
		能够灵活融合不同的品牌宣传手段
		能够高效收集产业资讯
		具有广阔的产业关系
		对竞争对手具有深刻理解
		对产业动向了如指掌
	B. 对租户组合控制的能力	不同管理部门与租户的合作
		对空置铺面的管理和灵活利用
		租金清算和管理

  商场的有形资源是企业在发展过程中作为商业策略的产物。与一般的有形资源相比，它们具有两个特点：第一，它们是高度可见的；第二，它们是不能够转移的。因为这个原因，商场的资源很容易被市场的潜在进入者模仿，而因

3 理论基础与研究假设

为某些原因又不易被现有的竞争者模仿。无形资源对于市场升级的重要性更加重要，而且很难被模仿（无论是潜在进入者还是现存的竞争者），它们是企业的领导层、核心员工经过多年建立起来的。因此，经由这些无形资源所发展出来的产业能力更加独特，并且决定了企业内部的管理程序。而资源与能力产生动态效应，可以反过来加深产业能力。

现对以上各种资源做出详细说明。首先，广义上的可及性亦称为取用性，不同的人在生活中会有不同的需求面（如社会福利措施、学习教育、工作或医疗就诊、交通等），而向工具、设施等直接获得帮助或者获得使用权的便利性。而在商场行业，可及性的定义则较为狭窄，可直接理解为商场使用者（例如商户）使用商场设施、设备的便利性。本书认为，商场的战略选址能够成为宝贵的资源，但是其前提条件为商场的可及性达到一定高度。从香港特区的营业环境来看，领展商场的可及性明显地依靠商场周边环境、交通拥挤度与交通便利性来提高。例如，如果交通拥挤度低的话，商户对于距离的感知则会缩短。而对于普通的消费者，三种因素在重要性方面似乎无特别排名，只要商场能够提供有效的指示、内部地图、足够的停车位，能够通过公共交通工具到达，便能提高可及性。

在租户组合方面，其定义为租用商场商业空间的用户种类组合。租户种类可以依据多种条件划分，例如经济实力、代言产品、经营经验、是否老租户等。另外，商场的管理者对于租户组合是具有一定的选择权的，例如只出租给具有一定经济实力的或者只代言售卖特定品牌的租户。由于本书的案例对象领展商场是一般百货购物中心，因此产品种类方面是具有一定的宽度和广度的。但是需要指出的是，香港特区的商场产业竞争极其激烈，商场的管理者将租户组合视为升级、改造项目的核心，目的是通过相关项目提升商户的满意度、续租意愿等。一般来说，有效的租户组合的方法为减少大品牌连锁或者特许经营店，同时增加本地的独立品牌和小型连锁店。这种做法能够在激烈的商场行业中平衡租户的安全感，吸引年青一代的新潮消费者。

增加商场的休闲娱乐设施是商场升级的成功因素之一。其可以增加访问满意度，以提升商场的品牌度。而且，高端的休闲娱乐设施可以增进消费者（特别是小孩、老人）对商场的眷恋度，因此增加了商户的人气。有鉴于此，休闲娱乐设施是商场不可或缺的资源，但它是一种后天资源，需要经过精心设计和打造，并且与商场的外部环境和内部环境结合起来运作。结合灯光、装饰的搭配，商场的气氛能够增进市民的访问欲望。但是，休闲娱乐设施的相关决策通常非常困难和昂贵。某些商场提供完全免费的休息娱乐设施，而有些商场则是提供半免费的，某些设施需要收取一定费用。综观一些大型商场的经验，后者对于商场的升级回本更有实际意义。

但是，哪些休闲娱乐设施应该收费决定了某些类型访客在商场的停留时间，因此管理者需要结合当前的改造成本、人力成本、设施建造完成时间和客流量谨慎考虑。本书认为，娱乐设施在越来越消费主义的社会与商场的品牌个性变得不可分割，它在很大程度上能够促进商场的可持续发展。但是，商场的品牌个性极容易被模仿，因此这些设计也很容易被模仿。就香港特区的商场业来说，近几年的产业潮流是发展高效、节省能源的内部设施和参与治理环境周边的问题。这些设施是很难被模仿的。但是因为这些设施的运作甚少被访客所见，于是对品牌的知名度提升作用不大。因此，本书认为，商场在这方面的升级应该将设计的重心放在让这些设施更加显眼上，让新旧访客能够更容易接触到，以正面影响他们对商场的感知满意度。

在技术资源方面，近几年国内外的产业报告指出，消费者对商场的感知和使用满意度由四方面组成：①对于商场的管理质量的感知；②对于商场所使用的建筑技术的感知；③对于商场的营销方法的感知；④对于商场的升级、改造方案的感知（主要面向租户）。同时，本书也发现技术资源对于市场为导向的市场日益显得重要。例如，通过使用一定的最新灯光和视听多媒体技术，管理者能够增加访客的访问和眷恋度。一般来说，电脑技术、软件资源等都已经变为商场的经营必备。本书通过对领展商场的实地考察还发现，该市场使用了一些多用途的GPS技术装置来追踪访客的移动方向和附近的车流方向。而对于一些试图通过CSR来增加品牌知名度的商场，它们的经营活动则是使用了政府环境机构目前正在推广的绿色技术。

在服务方面，本书在理论上提出了三个主要资源：①停车空间；②高质量客户服务；③更长的营业时间。无论是商场建造的初期规划还是升级整改，管理者都应以方便消费者为目的设置一定数目的客服中心、休息区域、用餐区域和其他增值服务区。由于这些服务的重要性在于增加商场的竞争力，因此商场升级的规划要重点将它们进行改善或者全新打造。本书还认为，其他额外服务的增值性，例如停车空间、营业时间是改善商场核心竞争力的主要方面，对于生活各方面都高度依赖商场的香港特区市民来说是非常重要的。

在人力资源方面，本书认为有五个主要资源：①极具影响力的领导人物；②效率极高的团队；③独立工作绩效高的个人；④高度专业的客服团队；⑤身经百战的营销团队。商场对于人力资源的重视程度不亚于其他行业，但必须指出的是，由于行业特点，商场行业的人力资源主要有四种：①直接提供客服人员；②营业中心人员；③商场后勤人员；④店铺销售人员。这些人员包括了一般员工与各阶层管理者，与消费者和租户的互动最频繁，并且构成了商场的总体品牌形象。因此，商场的升级必须依赖这些员工的配合和团队合作。另外，不少文献指出，商场全体人员的客户导向必须要达到一定高度才能让升级的成果成功地提高消费者和租户的使用满意度。本书支持这一观点，并对管理人员方面的理论做出如下补充：

商场管理者按照职责分为以下几种：第一种是营业经理，他们的主要任务为确保商场的正常营运，与消费者、租户沟通互动并且解决他们在使用商场设施过程中所遇到的问题。他们最常见的事务为处理商铺出租的各种细节、设定商铺的出租价格等。第二种是营销经理，他们的主要任务为确保全体员工从上到下了解商场目前在使用的营销方法的知识，以最大化营销效果。另外，他们也要配合营销团队的任务开展不同的公共关系管理事务、广告策划事务等。第三种是人事经理，他们的主要任务为对员工进行培训、对外招聘新员工、猎头、处理薪资方面的事宜。另外，在商场行业由于事务繁多，近年来各大商场的管理功能出现集中化的趋势，即减少管理阶层的层

企业战略转型与模式创新

数,实行组织机构优化。本书对这一趋势持肯定态度,并认为营业、营销、人事是人力资源的三大支柱。由于全球化和商场行业激烈竞争的缘故,某些商场甚至衍生出了特别专长企业,它们或专注于日用品的批发,或专注于海外购物服务的提供,又或者专注于贩卖高端定制产品。这些专长都是通过专业的管理人才组成的团队发展起来的。因此,本书提出专业能力可能也是管理资源的重要组成部分。

3.1.1.2 动态的商场空间结构

在现代商场购物是一种无缝衔接的体验。许多城市的地铁出口直接接入商场,让游客能够快速往返于家与商场。有些商场之间还以天桥相连,人们可以在不同的商店连续畅游。本书发现这是一种动态的商场空间结构。从开发商的角度来看,这要对商场的商铺布置、视听活动策划、商场空间的功能分布和交通流线做出最优计划。从成本的角度来说,商场内的零售店面、出租机制、功能分布、主力商店的位置等因素影响了建造升级成本。在动态空间的构成逻辑下,商场内部和外形都是升级的重点。例如,在商场内部,最大化总建筑面积形成了最大游客容纳人数。

而对于地面层的外观设计,本书认为Gordon（1994）的"空墙比"原理适用于领展商场和香港消费者的特性。"空墙比"也就是用尽可能多的空白无窗的墙面来装点建筑的首层,这样会产生广阔空间的假象,能把街上的行人大量引入商场。领展商场可以选用华丽或者朴素的建筑外观和附近的住宅环境形成对比。如果选用宽大华丽的商场中庭,这里可以举行各种营销活动,或者是开设艺术展览和举行社区聚会,让许多人对商场产生一种家的感觉。

与大部分欧美大型商场一样,领展商场的室内可以容纳一种新的城市生活态度。例如,内设的溜冰场、走道和自动扶梯将人们带入一个新的生活空间。与这些奢华的室内空间比起来,商场的公共空间包含着更多的动态。不单是人的数量,各种声音创造出了既属于个人也属于每个人的空间。根据香港特区政府的建筑援助法例,如果领展商场的开发商将私有空间向公众开放,政府将奖励它们更多的建筑面积。这使动态的空间变为一种私人空间和公共空间的管理，而不是单纯的商场管理。在最好的情况下，领展商场的管理者可以让商场成为活跃的、多元化的和各个部分有机联系的"独立系统"。

由于香港土地资源宝贵，公共休息空间非常重要。通过开放的街道和交错连通可以增加领展商场内的公共休憩空间。规划时引入先进的通风系统、人造景观和植被减少城市的热岛效应。一般来说，商场的外墙不是空旷的墙壁，而是琳琅满目的店铺门面，但是牺牲一些店铺让裙楼降到地下，这样便开拓出一个开放空间供游客休息、享用食物，能够增加他们的满意度。但是，必须注意不能将购物体验过于碎片化，让消费者无所适从。引人注目的国际品牌旗舰店是吸引内地消费者的主要工具，但是，如果不加以改造商场的空间，这些消费者可能很快失去对领展商场的兴趣，因为他们在内地便可找到类似的产品和消费体验。

此外，领展商场可以考虑封闭式的商场空间。近年来，不少著名商场采用了这种方法来吸引大量游客。这主要是利用公共空间与零售业越来越多的互动营造新的消费环境。例如，北京三里屯太古里设置于店面林立的街道之中。虽然街道环境可能为商场的卫生管理、停车管理带来不便，但是新的产业发展将得益于街道的历史、附近商铺的多样性和自发性。改造还可以加入一些新的外部设施增进商场与外部公共空间的结合，比如参考中环半山的自动扶梯（世界上最大的室外带覆盖自动扶梯），映射附近的商业元素。无论是附近的居民还是外来的游客，都会在这种设施的引导之下进入领展商场的"领地"。而且在香港，政府拥有大部分土地，领展商场的改造可以考虑向公共领域倾斜，利用政府的力量发展产业 O2O 和在财税方面通过参与政府的公共项目减少负担。

3.1.2 商场产业 O2O 转型

3.1.2.1 商场 O2O 转型的进程

O2O 全称为 Online to Offline，它是一种将零售产业的发展重心转到电子商务上的概念，它的核心理念是：通过广大的网络寻找潜在消费者或者消费量强劲的消费者，然后将他们引导到商场的实体环境中①。不少学者提出O2O在重构传统企业的产业结构和改善商务表现方面的重要作用，以及它是如何成为传统产业在新时代脱颖而出的营销策略。目前，O2O在原有的"线上—线下"定义之外拓展出两种新模式：①"线下—线上"（Offline to Online）；②"线上—线下—线上"（Online to Offline to Online），即消费者在线上选购商品并完成支付，再到线下实体零售店取货，最后基于产品质量与购物体验在线上平台发表评论。

Najafi等（2013）的报告指出，全球O2O市场规模从2010年的447亿元跃升至2015年的2350.8亿元，其中2015年零售行业的O2O市场规模达到了833.7亿元，相比2014年增长了31.8%。另外，全球的O2O在线用户总数多达12.5亿。大型商场的O2O转型为传统零售行业在电商时代的发展困境提供了一种新的发展思路，例如将传统销售渠道分割、与线上渠道相结合等。

本书中的领展购物中心的发展经历了漫长的道路。它从基本的百货公司进化到国际化的购物商场经历了20余年，在广大的香港市民生活中留下了不可磨灭的印记。无可否认，O2O在全球的迅猛发展不可避免地对传统销售渠道造成冲击。但是，香港的传统商场拥有双重潜力，它既可以丰富城市公共生活，也可以为产业做出贡献，并创造出多样性。在互联网时代，传统零售商越来越难以满足消费者多样且复杂的消费需求，线下实物购物体验正在受到线上购物的巨大挑战。传统实体店的辐射范围有限，这也是传统企业必须往O2O方向扩展的原因。②

近年也有传统企业转向B2C、C2C电子商务，利用网上平台销售产品，但是对于商场来说要改变其习惯多年的商业模式十分困难。因此，许多商场的管理者为了让企业做出更好的过渡，试图先将部分的线下传统零售商通过开展线上合作获取不错的收益以增进企业的信心。在这方面，沃尔玛在近年出色地整

---

① Long Y, Shi P. Pricing Strategies of Tour Operator and Online Travel Agency Based on Cooperation to Achieve O2O Model [J]. Tourism Management, 2017 (62): 302-311.

② 李淑珍. 连锁零售企业O2O化渠道升级与商业模式创新——以天虹商场为例 [J]. 企业经济, 2017 (5): 149-154.

合了线上线下两种模式，实现了资源的优化配置。这显示出传统企业转型O2O并不是不可能。相反，如果管理者能将衔接做得好，那么更大的商业机遇将会源源不断而来。尤其是现今移动互联网应用技术的发展和智能手机的普及，催生了更多的支付方式（例如移动支付）和消费环境，除却实体环境方面，传统商场在运作模式方面也可做出升级。

3.1.2.2 商场O2O服务供给模式

商场若要转型O2O，最基本的事情是改变或者增加服务供给模式①。在传统的商场行业里，除了部分营运需要加入电子商务模式，实体店消费的模式需要保留。而在仓储和物流方面，则需要随着产业扩张加入一些最常见的零售O2O组成，例如医药、超市、生鲜、鲜花、烘焙等。这些生意需要一个宽广的平台保证配送的时效和范围。有学者认为，传统企业加入O2O的模式后它的长远发展受到物流发展的影响。这是为什么成功的转型通常需要强大的第三方物流公司与其合作。一些失败的转型自建物流系统和网络，但是成本太高，加上营运人力的增加使管理过于分散，效率和服务水平难以保证。

本书认为，在大数据时代和移动科技的影响下，消费者体验主要受制于大型商场的服务拓展能力及数据分析能力。一方面，线上线下业务的管理、执行和物流系统需要融合得无障碍，为消费者提供全方位的服务。另一方面，传统商场的某些部门需要统一或者分支成立一个专门对接O2O的部门以管理新产品的生产和新业务的供给。而且，平衡发展是关键。在传统实体店的销售需要部分线下业务的支撑，通过最新的IT技术支持购物平台所有服务的一体化，从订单、采购、库存和物流进行统一管理。Tesco的经验现实实体转型O2O需要完全独立的IT系统作为独立业务的中央控制中心。

在交易信息方面，商品信息、消费者数据、租户数据、商场历史数据、供应商数据、物流信息、社交信息、地理位置信息等构成商场O2O的大数据。鉴于数据和信息过于复杂和系统化管理困难，传统商场O2O面临着巨大的数

---

① 江积海，王烽权. O2O商业模式的创新路径及其演进机理——品胜公司平台化转型案例研究[J]. 管理评论，2017，29（9）：249-261.

据泄露风险。在欧美，一些大型商场采取最新的 IT 措施来防止数据泄露、黑客盗窃和篡改等问题。这意味着，若领展商场转型 O2O，则意味着它将需要采取同样的措施。考虑到香港零售业的高度发展，领展将面临业内数据交换和数据治理等任务。例如，在 O2O 转型的初期多数传统企业不支持移动支付方式，在资讯科技方面的投资和基础建设是非常有必要的。

而且，在零售行业的资讯科技管理方面，传统商场转型 O2O 是一个非常艰巨和漫长的过程。例如，作为转型的基础企业需要引进先进的 O2O 知识、招聘熟悉和能够娴熟使用网络技术的普通人才和管理人才。这需要一个实力非常出色的团队。无可否认，O2O 模式是一个复杂的互动商业过程，O2O 转型的动因非常多，企业必须考虑消费者和本地商业因素之间是如何交流互动的才能明白自身在转型过程中扮演的角色。企业利用用户大数据，不但能够浏览消费者的消费行为和偏好，而且能够记录商场的出售记录、货品受欢迎程度、商铺营利信息等，这些资讯帮助企业迎合消费者的个性化、多样性需求，最后利用本地化线下商家共享订单和执行销售活动。由此可看出和线下商家合作的重要性。一方面，它们的线下营销网络和商场的营销网络互补，提供新的零售价值和新的商业机会。另一方面，消费者对线下有一定程度的依赖，特定商家的产品能强化商场的信誉和重复购买。

从 O2O 的商铺销售和服务提供方面来看，商场的转型模式可视现实情况采取以下三类，目的是将线下的商业机会和利润与企业的资源整合。第一类是 Liao 和 Cheung（2001）提出的"线下引流"模式，既可避免转型影响企业的主营业务，也可利用其他 O2O 电子商务平台打开网络市场，使更多的潜在消费者接触到企业的商品。此方式转型在管理上相对容易、适用范围广。第二类转型模式为"交易服务类转型"，该模式使传统商场能够作为一个电子商务企业独立运营和操作相关事务，也可以与第三方商家或者平台合作推广品牌的知名度。实际上，这样做的目的是转型交易服务。目前，商场的旗下业务都多多少少涉及小额批发产品和大宗交易商品，因此，在线交易增加了销售渠道。第三类转型模式为"客服方式转型"，主要是不同的客服方式，例如通过专业在线客服团队的形式,提升交易成功率和增加客户的认可。

Liao 和 Cheung（2001）调研数据还显示,商场交易的企业类型客户在使用过在线交易服务平台后满意度上升 30%,传统商场 O2O 升级的主要目的在于提升客户满意度。与线下引流模式相比,这类转型主要解决企业专业性不足的问题。

不少学者认为,传统商场企业的规模和转型的成功率有关。例如,如果是小型商场,全面向 O2O 转型的成功率较高,规模越小的企业转型越迅速,无论是建筑费用还是 IT 费用都会越少。全面转型需要较好的资源辅助实体店面的数据与线上营运进行无缝隙对接。例如,以区域为单位整合第一线商铺资源或者与专卖店进行整合；也可针对市场的反应对商品进行垂直细分,包括服装、餐饮、电影、电玩、生活服务等。综观世界各大商场,此分析是商场转型 O2O 的最新趋势,使升级将线上线下的商业构成按照电子商务的特性提出适宜的解决方案,最终实现每一个环节的 O2O 化。

3.1.2.3 如何通过升级提升商场的 O2O 服务质量

商场升级的目的之一是提升服务质量,针对传统商场的 O2O 转型,市场报告指出,香港的 O2O 产业出现了同质化的问题,也就是说商品和服务类型太过雷同。本书建议可通过本地化服务避免这一问题。例如,企业首先雇用市场调研机构对电子商务平台的一些实力商家进行调查,确定它们在提供服务方面的实力。或者与本地消费者协会合作,除了避免犯和其他企业一样的错误,还可推出一些消费者期待的服务。或者通过专业客服团队与消费者进行面对面沟通,直接了解消费者对企业目前的 O2O 服务满意度,收集各种产品的回馈等。也就是说,升级拓宽服务深度,做到以消费者为中心。

O2O 的服务质量还可通过物流配送服务提升。经过 20 多年的发展,电商意见达到成熟阶段,这意味着传统商场可深度改造、整合重构现有的销售渠道,利用快递业整合物流闲散资源。对于大城市的商场 O2O 转型,同城快递是目前的主要发展方向。例如,消费者一般将提供快速服务与高质量联系起来。现在许多快递利用社区便利店的闲置资源和闲散劳动力来做同城快递业务。这种方式的优点是成本和风险都比较低。企业可通过提高货品配送效率和满足配送服务的个性化定制两种方式提高企业类客户的满意度。采用这种方式能够全面网罗附近社区、商业区、写字楼、校园内的消费者。

很多研究结果表明，提高服务的易用性对企业的O2O转型有较大正向影响作用。这意味着领展商场在升级的中期可专注于这方面以稳定新老客户的满意度。然后，将传统商场企业和电商产业的工业知识和技术能力等因素考虑在内，制定出更加"使用者友好"的O2O界面。另外，为了取得更大的市场竞争力，领展市场需要综合考虑O2O平台的使用价格及后期的维护成本。不少企业因为忽视这方面而遭受不必要的损失。而在O2O平台的功能开发方面，决策者必须联系实际，从消费者角度考虑功能的多样性和性价比。在平台完成后，O2O的服务供应商根据市场需求和市场研究资料分析消费者的搜索习惯，突出平台在获取商品资讯方面的优势以提高消费者对领展平台的品牌忠诚度。

传统商场的升级改造和企业的内部管理与客服人才有密切联系。例如，内部管理人的专业知识反映企业在升级过程中对于各种规划和执行事务的绩效。对此，企业必须通过挑选最优表现的内部员工在升级之前进行培训、进修。而对于一些重要的O2O人才引进，企业可以使用目前中小型电商的方法，利用交流等多种方式加强对O2O专业技术知识的掌握，深化对产业转型动向的理解。其最主要的目的是数据化运营复合型人才，成立全新的数据分析、数据营销核心团队。而对于领展的领导层来说，他们也需要通过业余进修、参观、参加产业会议以及实际操作等积累相关的经验。如此一来，他们的决策能力和产业适应性会提高。

3.1.3 升级后的营运模式

O2O营运模式涉及很多方面，从商品方面看，很多人认为O2O产业的商品同质化严重，使顾客的选择范围缩小。某些学者认为这与O2O本质没有关系，因为同样的情形也发生于传统商场行业中。实际上，商品同质化问题与消费社会的发展有关。就领展商场来说，畅销的品牌占总量的30%左右，就算

3 理论基础与研究假设

自营品牌的产品也很难解决商品同质化问题。理论上，O2O 中的供应商会针对不同商场升级后的定位，如此一来企业可以统一品牌不同产品或者推出一些新的精选组合。大多数 O2O 选择不同价格令品牌实现差异化。

从价格方面看，O2O 的影响因素众多。本书采用 Sagar 等（2011）提出的"供应商控制价格"论分析领展升级后的营运价格。该理论提出，每个企业为了扩大市场占有率会降低商品价格，造成市场上商品普遍价格偏低。而且，O2O 的供应商会通过各种方式将营运费用转嫁给消费者，最后还不得不提升价格。也就是说，O2O 商品的低价格只是暂时性的。实际上，O2O 产业经常需要面对供过于求的问题。在不充分的竞争条件下，消费者是市场的主导，因此他们是影响价格的主要因素。而过去十几年里不同的商场使用得最多的促销方式便是打折。

从服务方面看，O2O 并没有降低服务质量，反而增加了服务的专业性和多元性。在转型之前，商场需要几个团队的导购员为消费者提供各式服务。而且，他们是企业文化、经营理念最直接的传递者，同时也是"品牌代言人"。但在 O2O 模式下，客户服务的提供具有极高的流动性，这为打造高品质的服务品牌带来了不少困难。为了解决这个问题，O2O 供应商首先对客服做出规范的要求，制定一些 O2O 专业的服务标准、客户关系管理准则、服务管理系统。目前，部分高档百货商场的 O2O 服务水平已经高于传统商场时代的服务水平。即使领展不能提供最高水平的服务，至少也要保证能够提供产业的标准服务。

有趣的是，国内学者和国外学者对于 O2O 服务质量的影响因素并不持统一意见。例如，Dibb 等（2001）认为，传统商场的 O2O 转型服务要由专门的供应商提供，但是，Sagar 等（2011）则认为，商场应该发展出自己的客服团队，这将增加管理层的管理范围，能够更有效率地掌握影响客服质量的不同因素。国内学者还认为，服务的供应商承担了商业风险和专业人才的寻找费用，对于市场来说可以节省一大笔营运开支。但是，本书认为这并不是长久之计，还必须要知道转型后获得利润的多少才可确定。实际上，一个成熟和受顾客欢

· 67 ·

企业战略转型与模式创新

迎的O2O企业的品牌价值很高，人才费用是不可避免的。但是，无可否认，服务转型的风险巨大，尤其是企业对于转型后的产品销售渠道和品牌的影响力并没有在本地市场得到充足的市场分析验证。

至于O2O转型后的供应商管理，一些学者认为与商场以往的关系不太大，但是很多欧美商场的成功经验显示，可以实施先付款后提货的政策以稳定供应商的信心。其实，在全球金融危机的2009年，Tesco为了提升O2O方面的营运绩效，率先对供应商采取了周结款的政策，这使供应商在零售业低迷的时期觉得行业的前景还有希望。但是，不得不提的是，一些没有条件的中小品牌可能并无能力这样做，通过自担风险的O2O方式进入，避免供应商把优秀的产品拒之门外。另外，一、二线品牌能通过优胜劣汰的机制把最有实力的供应商留下，在未来合作。O2O零售商和供应商常有矛盾，在商品采购、储存的方式方面达不成共识。

学术界对传统商场转型O2O的必要性有不同的看法。有些学者认为，多着眼于未来的企业必然会转型O2O以增进竞争力和生存能力。本书认为，O2O化的零售业在结构功能方面的发展越来越集中化，这意味着某些百货商场的零售功能可能丧失，产业的发展空间变窄，利润空间也不断萎缩。成功的商场升级需要技术含量高的改造规划，例如如何筛选有前景的进驻品牌、如何培养新的竞争优势、如何引入新的营销方法、如何设置店铺的位置、各主要设施的布局、整体装潢风格、协调商铺之间的关系等。而且，商场在改造后仅仅通过收取租金是无法有效率地回收投资的，必须通过全程参与商品的销售过程，在零售环节创造独特的零售价值。

总之，O2O转型有利也有弊，与传统的商场营运结构很难一分高下。如果商场不结合O2O结构，那么经营环境和经济形势等客观因素的限制非常大。O2O作为一种创新的经营方式，它的发展是必然的。只要详细考虑零售产业的财税政策、消费需求和供求关系，领展可以发展出自己的一套经营方式。商场营运改造的基本点取决于商场本来的特征，例如大小品牌容纳度。而最终O2O结构如何通过新的外观、商铺租赁方式展现出来，则受到市场机制和港府税收政策的影响。领展商场在改造升级之后具有优势地位,如果与供应商达成共识,双方的实力能够领导行业的新趋势。

3.1.4 商业地产基金如何证券化和如何实现产业到基金的过渡

欧美成熟的金融市场和商业房地产的经验显示,资产证券化是拓展商业地产资产价值和增加直接融资的有力工具。而且,它有利于优化资产负债结构,因此,它为商业地产项目带来长期的资金支持。尤其是对于一些亟须商场转型和升级的商场企业来说,这可有助于实现由出售向出租,将租金作为主要收入来源的模式。在营运稳定后进一步提高资产运营品质,从而提升商业项目的租金水平,最大化资产的增值空间。

目前,香港特区商业地产的开发经营仍以散售、散租为主,这种模式有利也有弊。鉴于香港地产的自由市场主义,发展的瓶颈所带来的挑战日益凸显。有关数据显示,多数地产商的经营水平日益降低(见表3-2)。对于一些中小型的商业地产来说,由于业权分散,商业物业在招商和规划方面很难做到统一。这对于政府和产业运营管理来说都是一个问题。而且,中小地产业主为了获得更多的收益,有时候会使用恶性竞争手段,后果严重。例如,一些物业资产贬值、出租率低、空置率高,这造成后期经营业主非常难以提升物业价值。另外,来自内地的商业地产需求量不断增加,散售、散租的商业地产必须解决以上问题才能为实现证券化打下坚实的基础。

表3-2 1980~2015年香港特区商业地产占本地生产总值的比重 单位:%

年份 经济活动	1980	1985	1990	1995	2000	2005	2010	2015
地产	13.6	6.6	9.7	9.9	5.0	4.4	5.1	5.0
建造	6.6	5.0	5.4	5.4	4.9	2.8	3.3	4.7
数字业权	8.9	10.5	10.6	13.3	10.8	10.1	10.6	10.6
合计	29.1	22.1	25.7	28.6	20.7	17.3	19.0	20.3

企业战略转型与模式创新

为解决商业地产散售带来的问题，本书认为罗珉等（2005）提出的混合租金模式非常适合香港的商业地产特性。在该模式下，证券化和基金过渡的过程非常细致。第一，基金收购商办物业对目标地产进行高级装修后面向社会各界进行销售或者出租。第二，销售前与购买方或者租赁方签订资产管理协议，确认招商的手续、运营方式、统一物业管理方法等。第三，确定整体运营的方式，包括租金回报方式、房地产投资回报方式和资产增值方式。在确认这些方面后，确定投资者取回投资资本的概率。第四，开发方通过完善的规划方案对商场的大小、位置、内部结构、朝向定位进行完善。

从一些跨国零售企业的经验看，商业地产通过证券化融资是很常见的手段。这样做有以下优点：一方面，发放资金的金融机构的性质和物业持有者的性质较容易统一。不得不指出的是，欧美金融市场高度发达，而且房地产行业的开发程度也达到饱和程度。因此，各种产业基金、政府基金、养老金、保险公司及其他大型投资公司的参与使投资者的类型非常丰富，给基金的发展带来了活力。另一方面，多样化的投资者意味着多样化的投资需求。商业房地产的投资具有高风险是不争的事实。因此，商业房地产证券需要确保收益，至少能够带来稳定现金回报。特别是金融危机之后，香港地区的持有型物业的投资回报率最高，而且风险也最低。它的价值被国内外投资者所青睐，是证券化的首选。

另外，领展倾向于选择长期性持有物业进行经营，这样做的好处是最优化匹配不同来源的资金，而且还可减少投资者风险。香港的大型开发商在取得物业之后，需要聘请专业的项目运营商，对领展商场来说也不例外。最主要的事情是签订合约禁止开发商随意将项目进行销售。这样有助于集中产权的分散，为升级后的项目运营管理打下基础。在这方面，美国的商业地产开发有很好的经验值得借鉴。美国的商业房地产的资金来源多元化，一部分是开发商自有的资金，一部分来自银行贷款，还有一部分是房地产投资信托基金。

与此对比，香港特区的商业地产开发商自有资本比例普遍较高，但也有不少项目倾向于以短期商业贷款的方式吸纳资本。据不完全统计，自有资金和银行贷款的比例为 5:8，这种混合融资方式也间接影响了商业地产分散销售与出租的运营模式。因此，要实现商业地产向基金的过渡，首先必须突破现有融资模式。在这种背景下，商业地产证券化既是一种产业的内在需求，也是顺应产业发展趋势的商业战略行动。

从严格意义上讲，商业房地产要证券化的必要条件以未来有可预计现金流的优质资产为基础。然后根据相关法律、市场趋势和客户需求设计成为优质的证券产品。另外，根据金融市场上提供的融资方式，香港的资产证券化业务主要包括银监会监管的信贷资产证券化（MBS）、证监会监管的企业资产证券化（ABS）和银行间市场交易商协会主导的资产支持票据（ABN）三类。对于商业房地产的资产证券化来说，领展商场主要有商业地产抵押贷款证券化（CMBS）和商业地产资产证券化两种选择。

在分析领展商场如何实现商业地产证券化之前，本书首先结合香港的商业地产现状分析和国际上一些著名的零售企业进行比较，以作借鉴。对于香港来说，它的商业地产属于高层次，但是同质化的散售面临巨大的销售压力，对于一些优质的商业地产来说，整体持有并运营的需求是最大的。另外，不少近年来营运出现绩效问题的零售企业（包括领展）试图通过商业地产资产证券化解决商业地产的资金流通问题。本书认为，该现象的出现与商业地产的永续经营和收益稳定的特性有关。而且，在香港特区，国际化的资产证券化的要求与欧美一致，商业地产（或收益）是国外开展资产证券化的重要基础资产之一。这使商业地产资产证券化在作为国际金融中心的香港有着巨大的需求。香港特区政府在政策上允许开展房地产证券化，信托公司、券商等金融机构业务范围广，无论是实施资产证券化还是资产管理咨询的能力都具有国际水平。

在香港，商业地产的税收、过户登记等手续已经非常成熟，而且 REITs 的环境也非常成熟，这使商业地产通过 REITs 进行融资或实现基金的过渡相对来说较为简单。加上香港资本的运作机制属于自由市场主义，领展市场可以与各类零售集团进行某些资产置换，或者与外资零售机构筹备零售产业的信托基金等。该项目最大的优点在于关注香港零售业的REITs,而且基金还使用了渣打银行的不可撤回担保,如此一来,领展商场可以在资产收益下降的时候采取双重增信措施,很大程度上保证了投资者的利益。

在全球消费力下降、零售利润低迷的情况下,领展商场之类的重资产零售企业可以通过资产证券化获取巨额物业升值收益。除此之外,还可回收一定数量的市场资本,不但可以一定程度地提升盈利水平,还可扩大净资产规模。和一些进驻香港地区的国际购物中心(例如Tesco和Walmart)相比,领展的运营能力较弱,因此将其资产证券化可以增强它收回现金流的速度和开发速度,提高投资回报率。同时,管理层可以将精力集中于轻资产化的开拓和运营方面。

与严格意义的资产证券化相区别,这类资产证券化的要求相对来说条件较为宽松。一方面,可以通过信托、私募基金等载体将商业地产或经营收益依照份额的比例对全社会进行销售,从而实现快速融资。另一方面,信托产品中的财产受益型信托,可以视为一种类资产证券化产品。如果领展市场选择这种信托产品与券商ABS相结合,就能发展成为真正意义上的证券化产品。在实际操作中,领展可以先寻找有实力的信托公司(例如中信信托投资有限公司)和可以发行"租赁收益权直接融资项目"的商业银行(例如渣打银行)。之后,通过中环本部的部分收益型物业,包括商铺、写字楼和公寓等物业增加租金收益来源。而托管银行方面,建议和融资项目银行一样,这样能避免烦琐的融资和投资转化手续。此外,目前国外的一些大零售企业采用一些新的销售模式出售自己的资产以快速向资产证券化靠拢。例如,Walmart将旗下不同城市、不同产业区段的资产进行组合,向资产购买者提供多样化的商铺、写字楼组合。另外,作为增值服务还提供资产管理系统,整合商业招商资源和物业租售资源。

此外,REITs是商业地产资产证券化的重要途径,Wang等(2012)的研究显示,截至2014年底,有65%的世界500强企业通过REITs方式上市的房地产证券,其总市值达到6200亿美元。因为这个原因,REITs现已成为海外商业地产最大规模的投资工具。而在香港地区，REITs 的发展已经成熟，市场机制和法律监管也非常完善。因此，领展市场采用 REITs 较其他方法更加可行。考虑到在证券化的初期商业地产的资产证券化在短期内很难扩大规模，领展商场可以先操作一些风险小的基础证券，对市场进行探索。

理论上，如果情况允许的话还可与信托、证券合作，对现有的资产管理进行最优配置。如此一来，领展的资产结构不但能够最优化，而且从风险管理的角度来说，证券信托化的改造可以减少单一市场的投资回报低的风险。但是，也有学者认为，香港特区的 REITs 发展起步较晚，这在某种程度上可能使领展的资产证券化在专业性上要更加留意。香港特区政府在 2003 年才通过了《房地产投资信托守则》，但是结构与美国早期的 REITs 大相径庭。实际操作中，它是信托计划为投资本体，专业的投资、融资服务由房地产管理公司和信托管理专业人士提供。

领展是全球首家在香港上市的房地产投资信托基金。2005 年，香港房屋委员会将核心商业物业打包成立 REITs 由领汇统一管理，并于 11 月在香港成功上市，成为亚洲规模最大的 REITs。2015 年，领汇更名为"领展房地产投资信托基金"。截至 2015 年，领展旗下物业组合约有 1048 万平方英尺零售物业，其中 60% 位于新界地区、30% 位于九龙和 10% 位于香港岛。除了香港境内，领展在内地还有约 200 万平方尺（1 平方米 = 9 平方尺）的写字楼和零售物业。

近年来，虽然受到全球金融危机的冲击，领展的经营绩效总体来说较稳定，营业收入/基金回报有不同程度的增长，这有可能得益于中国内地物业的支持。营业收入从 2015 财年的 65 亿港元上升至 2016 财年的 90 亿港元，平均增长率为 11.5%。而基金回报分别从 2015 年的 162.5 港元增至 2016 年的 210.3 港元。2015 年和 2016 年的增值差别为 21.5%，这显示领展的基金价值升值极具潜力。而单位资产净值方面，它从 2015 年的 28.2 港元增至 2016 年的 76.5 港元，增长率为 150% 左右，这显示了领展的盈利收益仍然乐观（见图 3 - 1、图 3 - 2）。

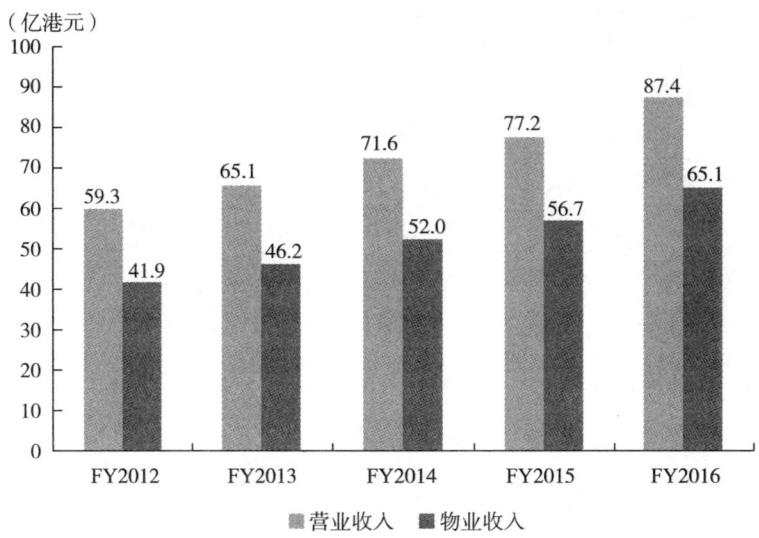

图 3-1 2012~2016 年领展的营业收入和物业收入

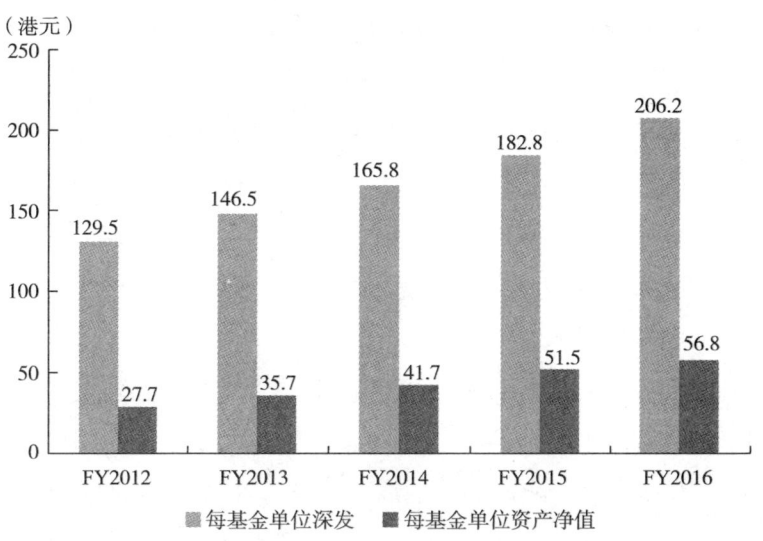

图 3-2 2012~2016 年领展基金派发情况

领展公司的企业报告数据显示,自 2015 年开始,公司将物业投资扩展至内地,收购了一些北京和上海的著名商场,例如 67 亿元收购上海企业天地 1 号及 2 号,25 亿元收购北京欧美汇购物中心。一些业内报告认为,领展公司

3 理论基础与研究假设

一向对物业发展项目的选择具有较高的标准。例如,它首先要求物业的位置位于最繁华的中心区,依靠优越的地理优势招揽来自各地的投资商。其次,它只挑选较高的历史出租率的物业,对于国内企业、跨国企业出租比例也有一定要求。为了挖掘物业的商业潜力,国际品牌零售商的比例至少要占全部商铺租户的20%。这些商铺租金比较高,未来有进一步上调租金的潜力。通过信托公司的物业增值措施,公司能够提升资产的整体盈利水平。REITs方法要求高质量的物业,租金和估值均得到稳定提升。财政报告的数据显示,领展的平均租金水平从2009年的44.8港元/平方尺增长到2016年的63.5港元/平方尺,而出租率从89.2%升到91.5%,总价值物业2133亿港元。

从利润构成方面来看,领展公司的利润主要来源于香港和内地的各种物业增值。但是,年度财政报告数据显示,近年来房地产市场的波动为增值率带来了负面影响。因此,每年的物业增值利润数额之间有明显的差异。而租金收入方面,国金证券研究所的数据显示,它是领展市场稳定的利润来源。例如,租金净收入在2013~2015年皆有70%~80%的增长(见图3-3)。但是,领展公司的年度报告指出它有大量的闲置物业,这使部分的利润受到钳制。因此,当务之急是释放增值部分的利润,才可增加分红。这样做实际是增加租金利润,也就是核心利润。从香港和内地投资者的角度来看,由于核心利润决定了月度和年度的物业分红水平和股息回报率,因此它作为证券化的评估指标比报表利润和经营性净现金流会更加可靠。

另外,在香港资本自由流通和海外投资繁荣的大环境下,领展旗下物业升值速度高于租金上涨速度。如图3-4所示,领展公司的租金回报率于2009年开始持续下降,而且租售比出现相同程度的下降。但总体来看,公司的运营能力还是不断上升的,净租金回报率下降幅度低于名义租金回报率。

从成本方面来看,领展公司的主要支出为物业经营开支、财务成本和行政支出,其中25.5%的成本集中在物业经营开支上。公司物业经营费用率和财务费用率在2009年开始一直下降,但是财务费用率自2015年开始又增加,而行政费用率在2012年略有上升,在2015年稍微下降。从物业经营开支细项方

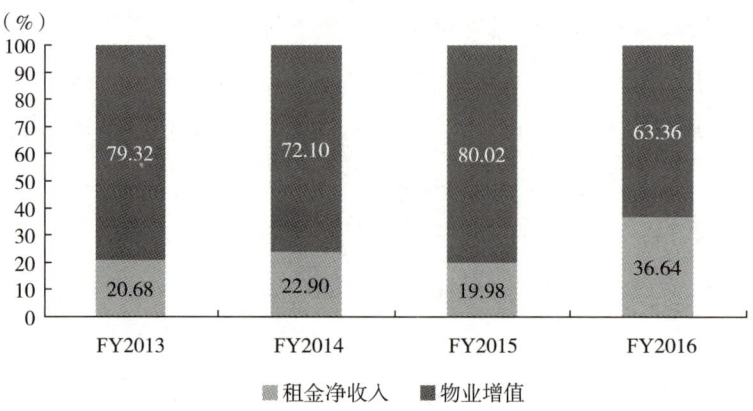

图 3－3 2013～2016 年领展公司利润构成

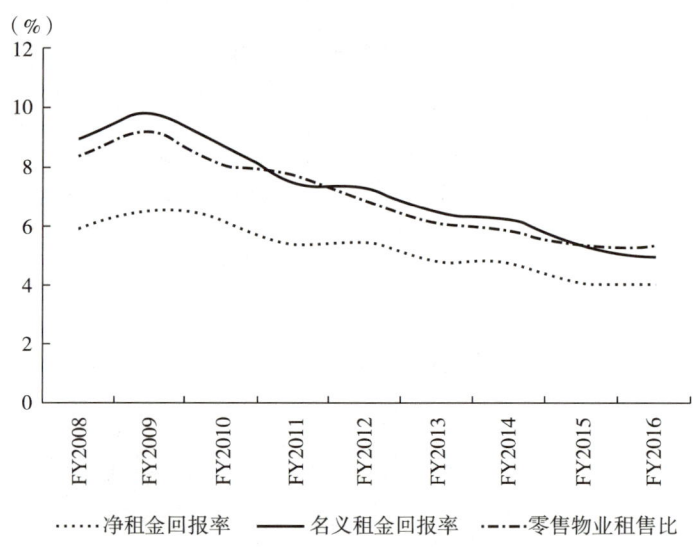

图 3－4 2008～2016 年领展公司租金回报率走势

面来看，包括屋村公用地方开支、其他物业经营开支、内地营业税和房产税、物业管理人员费、清洁工人费和安保费、员工成本、地租和差饷、维修和保养、公用事业开支、宣传和市场推广开支（见图 3－5）。以上各项费用历年的增长都不多，而且领展公司的营业收入每年正增长，各项开支实质上是在下降的，这显示了领展公司开支管理能力比其他零售企业要强。

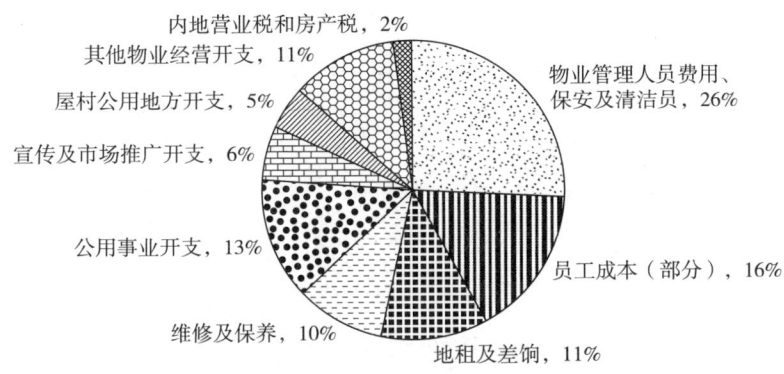

图3-5 领展公司旗下物业营业开支构成

以上各个方面的分析显示，领展的物业增值方式主要是靠内部改善和外部扩张两种方式获得物业溢价收益。另外，通过强劲的资产管理团队和灵活的租赁策略，领展公司能够准确定位香港和内地客户的需求，以此形成高端的客户群。物业出租组合方面，领展公司的商户构成较为合理，通过定期地调整商户组合，最大限度地抑制了闲置物业的数量。而一些闲置物业是因为它们的楼龄过高，无法成为新时代的零售资产。因此，领展对一些位于旧区的高楼龄的物业进行定期的维修或者升级以提高它们的价值。同时，领展公司通过自建、投资新物业等方式挖掘物业的资本增长潜力使其成为优质资产，实现在新零售时代的扩张。

3.1.5 利用REITs增加分红能力和收益率

房地产资产证券化是指以房地产相关资产为基础资产的证券化产品。一般来说，证券化的对象是流动性较差但是可以产生现金的不动产资产。由于通过精心的安排和组合，市场投资风险可以降低，收益水平提高。收益的分割和重组一般要和信用增级的措施结合安排，从而将资产的预期现金流转换成流通性和信用等级较高的金融产品。目前在香港比较受欢迎的商业地产资产证券化业务主要是企业资产证券化。大多数投资者对于证券化产品最关心的是分红能力和收益率。

与其他方法相比，REITs 方法使用更多的估值指标，对于投资者来说，他们更关注物业分红的能力和收益率。对于领展商场来说，由于 REITs 的核心资产包括了香港和内地的所有物业，评估物业价值需要体现两地的 REITs 的价值。在物业上市前，其定价会依据相关部门指定的物业评估方法确定。而上市之后物业也会被重新估值。在香港，物业价值评估方法包括现金流贴现法、收入资本化法、成本估价法、市场比较法等。由于商业地产的物业是通过收取租金作为盈利方式，依照香港的零售物业法例，物业所有者一般采用收入资本化法和现金流贴现法计算较为合理。评估的凭据是物业市场的现行价格，这对于大部分租金来说是准确的分红基准。

另外，证券化的受益人（也就是投资者）受到稳定的物业增值和租金收入的鼓励，会更加主动地收购新的物业或者翻修老旧物业出售。领展的财政报告显示，在 2015 年这方面的分红高达 90%。可见，REITs 产品具有稳定和不断上升的长期回报特性。作为投资者，应该更加关心租金收益的核心利润和资产现金流的变化。而作为物业的管理者，REITs 的估值提供了一个全新的方向。但是，REITs 不能基于传统的市盈率、市净率来评估。相反，对于长期投资者而言，P/FFO 和 P/NAV 是更有效的衡量指标。股息率决定了现金流的回收周期，市值和经营性净现金流的比例则较为准确地反映了 REITs 的盈利能力。P/NAV 则类似于市净率，NAV 为净资产价格，为资产的现金流折现价值减去负债。

由于 REITs 国际通用的优点，领展的物业的收益维持在 6.5%～9% 的水平。在证券化的前提下，REITs 收益来自股利和净值增长，而国债收益明显要少 15%～20%。与一些美国的零售巨头企业相比（如 Walmart），领展的物业证券在 REITs 机制的影响下股利支付更加有效地吸引投资者。其实，REITs 股利支付率要高于国债，而且在各个阶段的表现都比较稳定，长期来看，具有更高的回报率。

3 理论基础与研究假设

从二级市场来看,香港证券交易所类 REITs 产品交易量较少,而且价格长期稳定,在营运绩效不佳的时候可以考虑选择。这样的好处为:如果要过渡到基金,REITs 封闭式基金的走势整体向上,其流动性较好。虽然在发行初期为了吸取投资者需要折价交易和抛售低价的资产,但随着市场对领展基金的认识逐步加深,溢价交易也会变得更加可能。另外,香港的商业地产产品结构较内地更为复杂,而且税收政策不同,在香港的物业盈利报表的税收一项数目较高。对于投资者来说,REITs 当然是得到政府的一些免税支持政策最好。这方面,领展在香港的物业具有较好的优势。而内地商业物业租售比过高,银行同期贷款的利息直接增加营运成本,因此领展需要针对内地的商业地产证券化项目实施新的质量要求,例如,物业搬迁到核心商圈或者只出租给高端品牌的客户。

考虑到内地的许多项目在信用方面仍需加强,领展需采取一些增信措施,以避免众多的潜在风险,例如,帮助原业主买入次级份额、确定租金收入、预测来年的租金涨幅和制定撤销租约的条件等。其中,最主要的为租金方面的增信措施,以原业主较为固定的租金收入为物业的市场估值,领展的品牌提供较高的安全垫,保证了产品的顺利发行。这背后也体现了商业地产投资者对未来租金的兑付能力实质上也是一种投资风险管理。

3.2 研究方法

3.2.1 定性、定量混合研究方法

考虑到商业现象的多属性、多视角、多层次等特征,本书所使用的研究方法为定性、定量混合研究法,该方法被绝大多数社会科学研究者所广泛吸纳与接受。例如,Bryman(2006)提出,研究者将定量和定性方法进行结合能够

融合各种形式的材料和证据。从数据的完整性和多样性来看，该方法可以整合当前多种研究视角的研究方法的数据。

需要指出的是，学术界早期认为定量和定性研究是不可结合的，因为两者在本体论和认识论的角度上有冲突。而且，有时候定量和定性所得出的结果自相矛盾。但是，定量研究方法与客观主义紧密联系，研究者可以通过客观数据的整理与分析来揭示客观世界的本质。而定性研究方法大多建立在建构主义的基础上。两种主义所采取的认识世界的本质视角导致了研究意义和解释的不同（Saunders et al.，2007）。因此，混合式的研究应该考虑如何能够更为系统地论述研究问题，而不是仅仅应用不同的数据收集和分析方法，而得出"混合"的结果。

此外，依照Bryman和Bell（2011）的观点，传统的关于定量和定性方法的分工应当被抛弃，不存在所谓的混合研究方法。站在本书的角度来看，要完全采取定量方法研究领展商场的升级是不可能的，因为需要分析决策者的思维和理念。定性研究也是如此，因为要分析商业地产产业和领展成长数据。事实上，每一种定量或定性方法的实践都不可能是一座孤岛。基于此观点，本书主要建立在两个原则基础之上：①区分"数据的收集与分析方式"。例如，无结构式口述访谈、建立在封闭式问题上的调查研究，一些较为广泛使用的内容分析和结构方程模型等则要视实际情况才可决定使用与否。②根据所研究问题以及目标的不同，选择不同的组合方式处理数据。基于此，本书在处理客观数据和主观意见后，都是为解构现实和现象做出探索性的分析、检验假设服务的。

理论上，完全结合定量和定性方法不太可能。事实上，两种方法之间的区隔还是比较多的。例如，从数据收集方法方面来说，定量方法所传达的本体论和认识论对数据的严谨性体现在分析方法特殊的要求上。在使用计算机辅助软件分析定量数据时，编码要与变量分析的定量逻辑区分开来。如果研究者欲将大量数据每一部分之间高度地一致性统一，那么便需要首先反映复杂但是实际的社会过程和机制。如此一来，数据的分组也不至于被缩减到单一的时间点或简单的变量，故建立在不同数据上的编码形式和分析方法可能有所差异，本书

3 理论基础与研究假设

也沿用此观点，在处理数据时基于多种逻辑与方法。

如果从哲学的角度来分析混合研究方法的优点，贺德方（2010）认为，定量研究和定性研究的哲学基础存在着较大的分歧，在使用时应该注意如何避免哲学性的冲突或者做出自相矛盾的结论。定量研究的研究目的、研究方法、研究分析等方面都有显著量化特性。定量研究以实证主义为基础，强调理论、研究程序和预先设计；研究目的是对可控制情境的现象，确定研究要素的关系、影响、原因；研究方法则主要通过可控制、可操作的变量，主要以测验和量表或问卷收集数据；研究结果是呈现客观的统计数据。相反，定性研究以自然主义为基础，强调描述、理解现象；研究目的是描述现象和理解行为者的想法；研究方法则较多样化，如开放式观察、访谈、实物资料收集等；研究结果除反映研究者对资料的建构外，也常展示研究者的理解和诠释。Saunders 等（2007）强调两者并非互相对立，而是一个连续体，彼此间有许多相辅相成之处，这意味着把量性和质性研究范式视为连续体，而且认为应综合运用。

各范式具有不同的本体论、认识论、方法论。通过应用不同的"论"，我们可以认识事物和现象的不同本质。在这方面，贺德方（2010）提出混合研究方法的基本点可以是整合定性研究和定量研究的论点，看清楚有交集的部分。一些学者提出要整合量性研究和质性研究，首先必须"去范式"。这并不意味着无视各自的范式，而是弱化质的研究方法与量的研究方法两种研究范式。在实际操作中，是将研究方法区分为探索性方法与验证性方法。例如，对于量性的探索性方法来说有描述统计、因素分析、回归分析等；而质性的探索性分析方法包括内容分析、案例分析等。

量性的验证性方法包含一系列推论性的分析；质性的验证性方法包含验证性的主题分析。在这个过程中，最主要的事情是整合资料，然后按照性质分组（例如分为观测变数、因变量、应变量、潜变数等）。而质性的观测变数可以通过一些方法转为量性的观测变数，如此一来研究者可以做出有意义的比较。大多数学者认为，观测变数与潜变数之间转换难度比较大，而且信度较难检验，为研究增加了不少麻烦。本书也不赞成该做法，勉强把两者转换不但会更容易产生错误,还会减弱两种研究方法的自身特色。可见,以"去范式"整合两种研究取向不是很有效,因为仍未能消除范式的本质差异。"去范式"只回避了范式的本质差别,却未能有效整合两种研究范式(Flyvbjerg,2011)。

此外,范式的构建其实是一种建构主义,为解决研究难题提供了较为具有现实意义的架构。大部分科学家各自研究,目的是建构科学理论。然而,从建构实在论的观点看,科学应该在研究行动中达致自我理解。但是,实证研究并不是纯粹为创造知识,而是一种为了理解现象而进行的行动。从科学的角度来说,研究的成果如何完全由研究者的行动决定。因此,建构主义是创造特别的科学研究纲领、如何在认知层次解决科学理论的问题、理论如何在生活世界中与行动结合起来去找出回答问题的思路。

无论是定性研究还是定量研究,都较偏重基础研究。也就是说,在混合研究方法中基础研究与应用研究要平衡实践和理论的分量。需要指出的是,在商业管理和金融研究领域,广泛应用的混合研究方法是调查数据和多元回归分析,结合定性访谈数据的分析。这种方法受到大多数过往研究者的推荐,原因是该方法提供了一种描述研究现象与行为的"关系性"。实质上这也是一种研究路径。由于在调查数据的使用中没有预设任何有关"因变量"的分布,定性访谈的分析可以进一步论述所揭示现象的本质。为了深化研究意义和对对象行为的了解,也必须考虑实际情况,例如研究时间长度、经费、路途等。在本书中,有关领展商场的升级行为和商业资产的证券化过程的参与是作为变量的。本书尝试了理论分析和次级资料分析,而不是复杂的回归或者多元对应分析。根据以上的方法讨论相关问题。

在收集和分析数据方面,数据分为不同类型。此外,混合方法研究根据定量和定性的成分可划分为纯混合研究、质性—量化混合研究和量化—质性混合研究三种类型。也有学者将混合方法研究分为探索性设计、解释性设计、三角测量设计和内嵌式设计四种类型。研究分八个步骤进行:①确定研究问题;②确定混合方法研究设计是否合适;③选择混合方法或混合模型研究设计;④收集数据;⑤分析数据;⑥解释数据;⑦合法化数据;⑧得出结论和撰写研

3 理论基础与研究假设

究报告。在实践中,灵活的研究步骤是成功的关键,这些步骤是一个循环的、互动的过程。

3.2.2 案例研究

案例研究在许多研究领域被广泛使用,例如工商管理、心理学、社会学、政治学、人类学、经济学等。相对定量研究方法(例如问卷调查)来说,案例研究方法在问题的回馈质量方面具有较为明显的优势。通过系统性的案例研究步骤可以验证研究假设的正确性。因此,在混合研究方法的框架下,案例研究方法是一种重要的补充与验证方法。基于此,利用案例研究法分析香港领展商场升级改造的关键因素及其作用机理具有十分重要的意义与价值。

由于案例研究所涉及的程序具有其他研究方法所没有的复杂性,因此,时常留给案例研究者一个"研究范式混乱"的难题。Thompson 等(2000)认为,基于案例研究方法对管理研究问题进行探索,可以更加有效地推动管理学理论的不断发展。不同研究范式之间往往存在很大的差异,主要体现在本体论、认识论及方法论上。本体论是要说明现象的哪一部分是实际存在的;认识论是基于这些相信,认为哪些证据能对研究结果的可信度具有贡献;方法论则是基于本体论和认识论,认为研究的最终目的是如何产生可信和有效的知识。在规范研究阶段的指导下,具体的案例建立和分析明确地用数据和理论来检验假设[①]。

第一阶段。Thompson 等(2000)提出从案例中构建理论,然后作为验证假设的依据。这种做法是基于实证主义从案例中构建理论的过程的。目前,工商管理和社会学广泛采纳这种方法。主要是因为它能够较为简单地总结在理论分析的过程中哪些是核心任务和主要挑战。由于案例研究并不是严格意义上的实证主义范式,研究过程的视角既可采取实证主义也可采取建构主义。这得根据哪些现象是可验证的、可理论化的实际情况才能做出决定。本书更倾向于详

---

① 刘洋,应瑛. 案例研究的三段旅程——构建理论、案例写作与发表[J]. 管理案例研究与评论,2015,8(2):189-198.

细地描述在升级和证券化的过程中领展商场管理者的理念的变化。这一阶段的主要任务是初始定义过程，事先确定一些推测的研究构念，并确认理论预设。

第二阶段。在案例研究过程中，研究者首先应该根据所研究的具体问题明确使用案例研究方法的适用性。Yadva 和 Barry（2009）强调，定性和定量研究方法并不是每一个都可以结合，例如，有些研究方法适合探索性研究，而有些研究适合描述性研究。这主要是因为案例研究的分析层次非常多，例如，在工商管理研究中分析的部分可以分为几个战略决策的过程，包含了项目管理、团队管理、创新管理、市场细分、顾客关系管理等方面的战略。

研究问题的每一个分析方面都可称为命题，而理论恰巧由无数命题所构成，所谓理论，就是"在逻辑上相互联系并在实证上能够获得具有一致性的若干命题"。因此，无论在何种研究范式下，在所有理论构建的案例研究中均会形成一系列多个更细小的命题。特别是在描述一个新概念或者一个非常复杂的过程的时候，前者包含非常多的具体过程，这个时候是否显性地提出命题，事实上更多地需要从次级数据和访谈者反馈的真实性来考虑。

因此，在分析每一个方面的时候，需要挑选适合的理论来阐述相关的研究者的观点和访谈者的观点。特别是当一个意外且重要的观点出现的时候，更加需要深入阐述（贺德方，2010）。考虑到本书的主题并不需要一个新的理论框架来分析企业的升级活动和证券化决策之间如何匹配以及如何影响应对政策环境变化的能力，本书将着重分析访谈者的企业组织与管理理念。加上本书领域较广，需要更多的财税和基金方面的理论，就案例研究需要提出深入的讨论。

第三阶段。在第三阶段，是呈现案例。Yadva 和 Barry（2009）认为，案例的呈现是研究者写作质量的体现。在整理反馈和分析的过程中，写作过程有很多重叠，也有可能会不断反复，而研究者写作的风格造成了不同的呈现方式。本书采用 Yadva 和 Barry（2009）提出的 3C 原则——可信（Credibility）、完整（Completeness）和清晰（Clarity）来呈现案例。该原则特别强调案例的呈现不能使用说教的文字而要详细介绍研究对象的行为与结果。本书将逻辑清晰地进行合理推断，在最后对未来研究展望或者全书的亮点进行总结。

3.2.3 深度访谈

3.2.3.1 访谈的过程设计和要点

深度访谈是定性研究中经常使用的方法,在目前的经济、社会、心理学领域中因为能取得有意义的观点而有着重要的地位。在学术领域,深度访谈主要是指半结构式的访谈,它有两个重要的特征:第一,半结构的意思是访谈的问题是事先部分准备的,但并不是不可改动的,而是视实际情况进行完善和改进。但是,改动的部分是访谈者和被访者共同参与的结果。例如,在采访的中段,被访者根据自己的行业经验认为一些问题并不能反映核心管理问题,那么访谈者便需要修改问题。第二,深入现象的本质。在访谈中,被访者对事先准备好的问题的回答和随之而来的问题都要反映现象的本质,而不是只讨论表象。在这层意义上,深度访谈必须以一种谨慎的和理论化的方式来分析研究现象。

本书也考虑到在访谈的过程中,双方的互动决定了回馈的质量和可信度。Flyvbjerg(2011)提出,访谈一旦发生,访谈者需要完成从管理事务到访谈的过程中的跃迁,并将自己的目的、动机限制在如实地描述与解释所观察到的商业世界。特别是,本书的两位被访者一位是营运经理,另一位是地区副经理,如果我们以社会科学观察者的"单一"身份来进行访谈,可能不能从根本的意义上对他们的意见进行对比而得出有意义的启示。在这种情况下,首先要做的是与被访者建立一个共同的对话情境。同时,要区分清楚自身的世界——无论是作为社会科学研究者的世界还是自己的常人世界——不同于被访者的世界。在回答如何能够保持与被访者之间的关系的问题上,最重要的事情是获取访谈者和他们所述机构的"深度"的知识。

在深度访谈应当如何展开方面,本书采用 Onwuegbuzie 和 Leech(2005)提出的"渐进式聚焦法"。在商业领域,被访者一般的兴趣都在于企业的发展史和未来企划,而这正体现了近年来定性研究方法的一个有趣现象,即个体可以代表(在某种程度上)全体描述或者解释特定的现象。

在渐进式聚焦法的过程中，本书打算加入一些"个性化"元素，将话题更多地引向被访者在企业内的经验，而不是要让他作为企业的代表说一些空洞的套话。这样使他的立场马上变得主观起来，这不仅因为个人经历一般都是被访者的兴趣所在，更重要的是，个人经历的叙述有助于我们达到对被访者行动的理解，达到以小见大。

3.2.3.2 半结构式的深度访谈原则

理论上，半结构式的深度访谈并不意味着简单的聊天。在深入的访谈中，研究者需要不断构思创新的话题和问题，在访谈的中段或者最后做出遣词造句方面改进。这需要在访谈前有更多的训练和心智上的准备。更为重要的是，在访谈之后并不意味着访谈就结束了。实际上，即使在动作上访谈已经结束，但在研究者的行动上还在继续进行（例如研究者需要花更多的时间进行分析与诠释回馈）。此外，半结构式的深度访谈并不能够按照任何事先设计好的模式来套用。依照Onwuegbuzie和Leech（2005）提出的有关访谈的方法，下面是本书结合考虑的半结构式的深度访谈原则。

（1）对回馈做出一定的质疑。虽然被访者同意了参与访谈，但这并不意味着他们所给出的反馈是百分百真实的。在大多数情况下，研究者需要保持中立的态度，但是不排除对方可能并没有把他的意见完完全全地表达出来。但这也不是说如果表达不完全，被访者的回馈就无效。相反，尽管它们依然有效，但是可能左右我们思考问题的路线。在这种情况下，我们可以运用理论对比的方法来帮助被访者回答完全，这有可能包含了日常生活知识体系、社会科学的体系、产业知识体系等。此外，Robson（2002）认为，研究者需要暂时中止原有的态度以及科学态度才能判断被访者说话的用意。

（2）对被访者的了解。这包含了被访者的工作环境、工作历史和学历水平等因素。作为研究者，理解被访者为访谈内容和访谈场景的意义打下了基础。而通过对于被访者和所属群体的日常工作过程和结构的了解，也得以了解企业目的、动机的主要方式。

（3）对被访者企业的了解。访谈最佳的切入点除了是被访者的个人生活史或个人生命过程,还可以是他的企业的历史和最近动向。就其实际内容而言,访问者对企业的了解的程度基本上可以等同于被访者回答问题的意愿。Scourfield 和 Pithouse(2006)认为,企业自初始发展的时代开始,就通过团队和创业者的自身经验应付各种商业事件及吸收在产业中发展和生存所需要的各种知识。在某种程度上,访问者对企业的了解是以上这种认识。

在积累足够的经验后,应采取相应研究行动。而从以往研究的实践看,案例研究的被访者在访谈当时会比较顾及"面子",也就是说不愿意过多谈论企业发展过程中不好的方面或者失败的事迹。被访者所具有的社会地位、生活方式、行为规范,甚至他的价值观念都影响到他是否能够畅所欲言。

3.3 研究路线设计

本书实证研究技术路线有两个:第一,商场通过内部升级路线提升商场的外观和空间格局,再通过这些元素提高租金水平,提升租金的资产增值。第二,商场通过地产证券化和税收提高收益,再通过开发商改变战略的方法,产生自我发展的能力,提升租金的资产增值,展现产业结构O2O。

商场的空间通过不同的方式提供不同租金水平的铺面。它们的质量在商场升级之后一般来说都可以得到改善。另外,商场的升级包括内部升级和外部升级,这也使商场的服务能够在升级成功之后由内而外得到改善。例如,内部升级专注于改善内部设施和可提供的服务。内部升级的目的是使服务的提供更好地最大化人力、知识和设备的利用效率。而外部升级的性质则稍有不同,它的面向对象是消费者,旨在通过增加、改善外观元素提升消费者对商场的印象。而且,它一般是通过外包的方式,经由专业人士设计格局、标志性设施的建造、视觉听觉内容设计、广场园艺等设施去美化外观。

综上所述,本书提出以下研究路线(见图3-6):

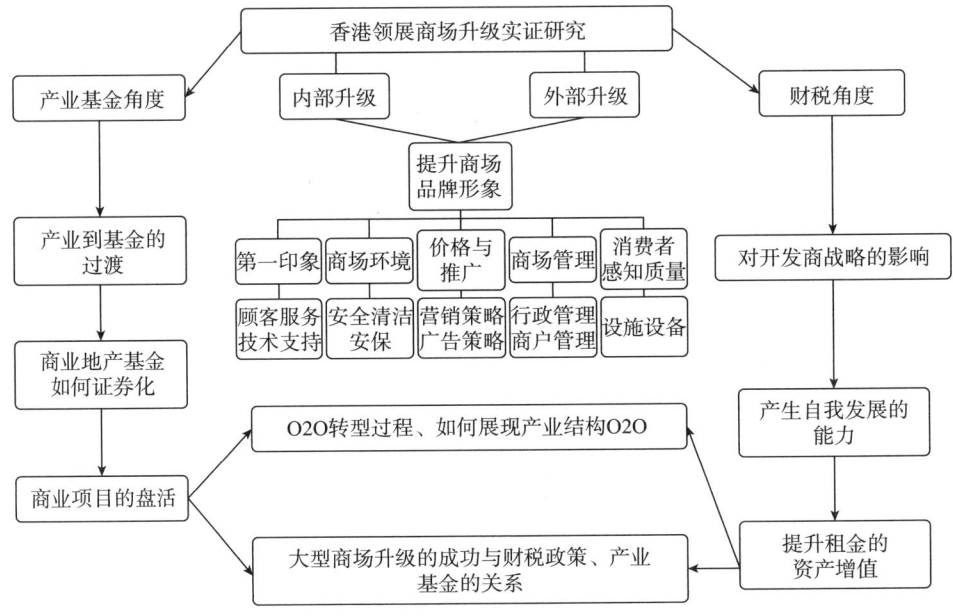

图 3-6 研究路线

3.4 研究假设

3.4.1 商场升级与消费体验关系研究假设

关于"消费体验"的定义,国内外不同学者有着不同的定义。其中一种主流观点将"消费体验"定义为"顾客与产品或服务之间直接或间接的互动",并将消费体验划分为功能型与享乐型两种(Hirschman and Holbrook,1982)。伯恩特·H. 施密特(2001)认为,体验是消费者对诸如市场营销手段在内的某些"刺激"的内在反应,并进一步将消费体验划分为五种不同类

3 理论基础与研究假设

型：感官、情感、思考、行动、关联。国内学者汪涛和崔国华（2003）① 将消费体验定义为一种消费者在企业设定的场景中形成的一种美妙而深刻的感受。杜建刚和范秀成（2007）② 将消费体验划分为五种类型：功能体验、感官体验、情感体验、社会体验、知识体验。

未来经济学家阿尔文·托夫勒于1970年就提出大胆预测：未来经济形态将由制造业、服务业逐步向体验经济转型。Holbrook（2010）③ 给予体验经济的定义就是"互动的、相对的、偏好的体验"。Lee和Overby（2004）则强调了价值的过程性，该过程包括顾客历经娱乐、逃避现实、视觉诉求及互动活动，他们将体验价值定义为一种利益的总和。Michie（2005）考虑到了零售企业的特征，研究了零售业创新带给消费者的体验价值，实用性价值、享乐性价值与象征性价值构成了顾客价值的三种表现形式。Wang L C、Baker J 和 Wagner J A（2007）④ 指出，消费者不论选择线上还是线下体验消费，其预期均包含功利与享乐利益。在电子商务竞争环境下，网络零售对实体零售的冲击不断加大，"体验性"与"便利性"已成为传统零售企业对抗电商冲击的两大策略导向，体验性服务导向已成为传统零售企业经营转型的关注重点（李智，2016）⑤。

因此，提出如下假设：

H1：大型商场的升级成功与消费者体验正相关。

---

① 汪涛，崔国华. 经济形态演进背景下检验营销的解读和构建 [J]. 经济管理，2003（20）：43-49.

② 杜建刚，范秀成. 基于体验的顾客满意度模型研究——针对团队旅游的实证研究 [J]. 管理学报，2007，4（4）：14.

③ Holbrook M. Introduction to Consumer Value [R]. Consumer Value, 10.4324/9780203010679.cho, 2010.

④ Wang L C, Baker J, Wagner J A. Can a Retail Web Site Be Social? [J]. Journal of Marketing, 2007, 71（3）：143-157.

⑤ 李智. 零售企业体验性服务导向策略的影响因素研究 [J]. 中国软科学，2016（9）：112-124.

3.4.2 商场升级与电子商务关系研究假设

电子商务对零售业转型（大型商场升级）有着深刻的影响，由于零售业直接面对的是终端消费者，因此，电子商务对消费者心理与行为等都影响颇深。电子商务影响传统零售业的内在机理主要体现在：①采购与生产；②物流仓储；③销售与售后服务；④价值链支持活动；⑤消费者。

电子商务应用领域的不断深化与拓展对传统零售业造成了不小的冲击，零售企业转型升级（大型商场升级改造）是企业应对互联网时代挑战的主要命题（郭燕等，2015）①。曹怀虎和梁月（2016）实证研究了电子商务对零售业升级转型的总体影响，研究结果发现，电子商务的发展可以推动零售业升级转型。电子商务与传统零售业的融合发展，一方面能够优化企业内部流程，另一方面也能完善企业内部管理。李怀政（2018）② 则基于我国网络零售行业相关时间序列数据构建了 VAR 模型，研究了网络渗透率对网络零售发展的相关关系。研究显示，网络零售发展水平的稳定主要受制于网络渗透率的影响。

因此，提出如下假设：

H2：大型商场的升级成功与商场 O2O 转型正相关。

3.4.3 商场升级与运营模式关系假设

零售企业的运营模式指的是零售企业在经营管理活动中，所开展的计划、组织、实施、控制等一系列活动。从零售企业来看，其运营模式主要涉及市场营销、财务管理、人力资源管理等关键环节。

关于运营管理的概念最早由 R. Clay Sprowls 和 Morris Asimow（1962）在研究消费者购买行为时提出，消费者在产品多样化时代下已逐步演变为市场的主

---

① 郭燕，王凯，陈国华. 基于线上线下融合的传统零售商转型升级研究 [J]. 中国管理科学，2015（s1）：726 - 731.

② 李怀政. 互联网渗透、物流效率与中国网络零售发展——基于 VAR 模型的脉冲分析与方差分解 [J]. 中国流通经济，2018，32（8）：23 - 33.

3 理论基础与研究假设

导。Gifford（1964）认为，企业管理者应将注意力从产品生产领域转变到市场需求，特别是消费者的个性化需求。伴随着计算机技术的高速发展以及普及率的不断提升，应将产品、市场、信息等要素有机结合起来。零售企业运营模式创新被越来越多的学者与企业管理者所广泛关注。探索出适合并具有特色的运营模式，是零售企业能否立于不败之地的关键要素（Diamond and Denton，1993）。

国内外零售企业正由产品营销向服务营销转变，开展服务运营管理正在成为零售企业提升核心竞争力的重要途径（姚树俊和陈菊红，2016）①。李诗杨和但斌（2016）② 以药品连锁零售企业为例，提出了渠道独立、渠道融合、渠道组合三种药品零售多渠道模式，并运用案例分析法分析了各渠道模式的主要影响因素。李飞等（2013）③ 以海底捞餐饮公司作为研究对象，运用案例研究方法探索了零售业商业模式成功创新的路径，并提炼出了五个关键创新要素：服务、商品、销售服务流程、人力资源、组织文化。

与传统零售业不同的是，在线运营商运营管理的侧重点有所不同。王芳等（2014）根据关键成功因素（CSFS）理论，运用内容分析方法发现了影响网络零售商运营成功的关键因素，包括优质服务、适当的营销战略与专业化的网页设计与产品展示。

因此，提出如下假设：

H3：大型商场的升级成功与商场的资源与产业能力正相关。

H4：大型商场的升级成功与升级后的运营模式正相关。

---

① 姚树俊，陈菊红. 考虑零售商竞争的产品售后服务能力运营策略研究［J］. 管理工程学报，2016，30（1）：88-95.

② 李诗杨，但斌. 药品连锁零售企业多渠道运营模式及其影响因素研究［J］. 重庆大学学报（社会科学版），2016，22（3）：82-88.

③ 李飞，米卜，刘会. 中国零售企业商业模式成功创新的路径——基于海底捞餐饮公司的案例研究［J］. 中国软科学，2013（9）：97-111.

3.5 本章小结

本章以大型商场升级及产业基金理论为基础,介绍了本书涉及的三种研究方法(定性定量混合研究方法、案例研究法、深度访谈),对本书研究路线进行了设计。在对理论基础进行分析的基础上,提出了本书的相关研究假设。在后续的两章中,本书将通过实证分析与案例研究相结合,进一步检验本章所提出的相关研究假设。

4 大型商场升级实证研究

4.1 数据收集与分析

4.1.1 基本信息分析

在研究前期问卷调查过程中,共回收有效样本 378 份。其中,对网络购物或实体购物有明显偏好的有 157 份样本。由表 4-1 可知,网络或实体购物样本的性别、年龄分布较为均衡。同时表 4-2 数据显示,消费者对于电子商务的偏好程度高于实体商超购物。案例处理汇总如表 4-3 所示。

4.1.2 变量回归分析

根据对网络或实体购物有明显偏好的调查样本,在对数据进行分析时,本书使用 Logistic 回归模型,对时间因素等 12 个自变量对受访者偏好网络购物或实体购物的影响程度进行了分析。

由表 4-4 回归结果可以发现,A 时间因素、A 价格因素、A 物流速度、B 价格可变性、B 购物体验、B 交流因素、B 价格因素、B 营业时间、B 商品多样性、B 消费服务 10 个因素的显著性水平均大于 0.05，所以在显著性水平为 0.05 的情况下，这 10 个因素对消费者网络或实体购物偏好没有影响。

表 4-1 基本信息

		性别		总计
		男	女	
年龄	20 岁以下	11	21	32
	20~35 岁	30	49	79
	35~50 岁	22	18	40
	50 岁以上	3	3	6
	总计	66	91	157

表 4-2 电子商务及实体购物　　　　　　　　　　　　　　　单位：%

购物方式选择			
网上购物	实体店购物	线上搜索，线下体验	线上购物，线下体验
46.56	28.57	15.61	9.26

表 4-3 案例处理汇总

	未加权的案例[a]	N	百分比（%）
选定案例	包括在分析中	157	100
	缺失案例	0	0
	总计	157	100
未选定的案例		0	0
总计		157	100

注：a. 如果权重有效，请参见分类表以获得案例总数。

表 4-4 方程中各变量

		B	S.E.	Wals	df	Sig.	Exp(B)
步骤 1[a]	A 时间因素	-0.135	0.384	0.123	1	0.726	0.874
	A 价格因素	-0.550	0.344	2.557	1	0.110	0.577

续表

		B	S.E.	Wals	df	Sig.	Exp(B)
步骤1[a]	A 物流速度	0.177	0.353	0.252	1	0.616	1.194
	B 价格可变性	0.103	0.301	0.117	1	0.733	1.108
	B 物流速度	0.857	0.437	3.851	1	0.050	2.357
	B 购物体验	0.902	0.493	3.344	1	0.067	2.464
	B 交流因素	-0.437	0.427	1.045	1	0.307	0.646
	B 价格因素	-0.440	0.336	1.711	1	0.191	0.644
	B 营业时间	0.473	0.460	1.059	1	0.303	1.605
	B 商品多样性	0.022	0.328	0.005	1	0.946	1.022
	B 消费服务	0.378	0.320	1.390	1	0.238	1.459
	B 附加值	-1.798	0.429	17.547	1	0.000	0.166
	常量	-0.478	2.519	0.036	1	0.849	0.620

注：a. 在步骤1中输入的变量：A 时间因素、A 价格因素、A 物流速度、B 价格可变性、B 物流速度、B 购物体验、B 交流因素、B 价格因素、B 营业时间、B 商品多样性、B 消费服务、B 附加值。

根据表4-5，我们发现模型的拟合优度值较小，考虑到不显著变量较多，因此，我们使用向前回归的方法，将不显著变量剔除。

表4-5 模型汇总

步骤	-2 对数似然值	Cox & Snell R^2	Nagelkerke R^2
1	105.809[a]	0.298	0.465

注：a. 因为参数估计的更改范围小于0.001，所以估计在迭代次数6处终止。

由表4-6可知，在逐步回归之后，我们依然只能保留 B 附加值和 B 购物体验两个变量。而根据表4-7，我们发现模型的拟合优度依然很低。在大多数变量不显著的情况下，我们认为此分析结果可以接受，认为 B 附加值和 B 购物体验对实体购物偏好有影响。

表4-6 方程中的变量

步骤		B	S.E.	Wals	df	Sig.	Exp(B)
步骤1[a]	B附加值	-1.525	0.299	25.933	1	0.000	0.218
	常量	3.905	0.997	15.342	1	0.000	49.626
步骤2[b]	B购物体验	1.035	0.381	7.366	1	0.007	2.815
	B附加值	-1.616	0.316	26.194	1	0.000	0.199
	常量	0.098	1.682	0.003	1	0.953	1.103

注：a. 在步骤1中输入的变量：B附加值。b. 在步骤2中输入的变量：B购物体验。

表4-7 模型汇总

步骤	-2对数似然值	Cox & Snell R^2	Nagelkerke R^2
1	125.453[a]	0.205	0.319
2	116.523[b]	0.249	0.387

注：a. 因为参数估计的更改范围小于0.001，所以估计在迭代次数5处终止；b. 因为参数估计的更改范围小于0.001，所以估计在迭代次数6处终止。

接着，我们分析C创新因素、C服务一体化、C品牌多样、C线上线下结合、C科技、C特定服务、C信息即时、C定向服务、C主题元素9个自变量对消费者网购或实体购物偏好的影响程度。

由表4-8可知，我们发现消费者对创新因素、服务一体化、品牌多样、线上线下结合、科技、特定服务、信息即时、定向服务、主题元素9个自变量的改进都有不小的偏好。

表4-8 消费者偏好　　　　　　　　　　单位：%

	完全不同意	不同意	一般	比较同意	完全同意	比较同意与完全同意之和
服务一体化	1.59	3.70	24.60	53.44	16.67	70.11
品牌多样	1.85	6.35	23.28	51.32	17.20	68.52
主题元素	3.17	4.23	24.60	51.32	16.67	67.99
线上线下结合	2.38	5.82	25.31	50.79	15.87	66.66

续表

	完全不同意	不同意	一般	比较同意	完全同意	比较同意与完全同意之和
创新因素	1.59	5.03	26.72	51.85	14.81	66.66
科技	1.85	4.50	28.04	50.26	15.34	65.60
信息即时	3.44	5.03	29.89	50	11.64	61.64
特定服务	1.59	6.08	31.48	45.24	15.61	60.85
定向服务	3.70	11.38	29.89	41.27	13.76	55.03

但是，我们无法衡量每个变量改变后消费者的消费金额改变，所以我们认为这9个因素实体商场都应该改进。而根据偏好排序可知，消费者对于服务一体化和品牌多样的偏好更强。这两者也是影响消费者实体购物的重要因素。

接着，我们考虑商家对实体商场改进的建议。

表4-9反映了调查的商家样本基本信息。我们发现，性别分布和年龄分布都比较合理，符合商场店主年龄趋势，因此我们进行统计分析。

表4-9 基本信息

		性别		总计
		男	女	
年龄	20岁以下	14	41	55
	20～35岁	102	105	207
	35～50岁	62	39	101
	50岁以上	8	7	15
	总计	186	192	378

由表4-10可知，根据可选择性回答的结果可知，各大商家对于货物物流情况较为关注。其中，对比而言，商家对于供应链上下游的货物走向较为关注，同时合作伙伴的战略管理也是商家着重注意的方面；对于运输以及库存的成本管理一直是商家关注并且持续把控的环节，对于库存的盘点以及成本的把控也需要进一步完善。数据显示，商家对于物流信息，包括货物的追踪信息以

及物流信息及时更新的需求较大,同时,对于供应商的选择也是影响商家收益的主要因素之一。

表4-10 商家情况

	完全不同意	不同意	一般	比较同意	完全同意
货物追踪	16	19	92	161	46
产品跟踪管理	7	17	105	156	47
供应商战略伙伴	7	20	106	167	32
运输损耗可控	10	22	107	161	32
库存成本可控	7	23	114	153	35
成员战略伙伴	8	23	113	145	42
缺货状态	9	42	133	110	38
信息滞后	10	47	137	113	27

由表4-11可知,商家对于商场的统一管理以及协助进货有着较高的需求,反映出商家对于商场的合作意向较为强烈,而数据显示,在某种程度上,商家愿意与商场保持一致装修风格以保证商场的统一管理效果。对两者而言,商家与商场的合作关系将是影响整体收益的重要因素之一。

表4-11 商家与商场 单位:%

	不同意	同意	无所谓
统一管理	24.11	68.15	7.74
协助进货	33.33	54.87	11.80
统一装修	33.53	48.64	17.82

4.2 因子分析

为了针对样本进行数据分析,找出其中影响实体商超购物的具体因素,首先进行因子分析。因子分析用于探索定量数据可以概括为以下几个步骤：第一，分析 KMO 值。如果此值高于 0.8，则说明非常适合进行因子分析；如果此值处于 0.7~0.8，则说明比较适合进行因子分析；如果此值处于 0.6~0.7，则说明可以进行因子分析；如果此值小于 0.6，说明不适合进行因子分析。第二，如果 Bartlett 检验对应 p 值小于 0.05 也说明适合进行因子分析。而使用因子分析进行信息浓缩研究，首先分析研究数据是否适合进行因子分析，从表 4-12 可以看出，KMO 为 0.844，大于 0.6，满足因子分析的前提要求，意味着数据可用于因子分析研究。此时 Bartlett 检验对应 p 值也小于 0.05，说明研究数据适合进行因子分析①。

表 4-12　KMO 和 Bartlett 检验

KMO 值		0.844
Bartlett 球形度检验	近似卡方	3159.347
	df	378
	p 值	0

接着，根据表 4-13 可得描述总共提取的因子个数；分析每个因子旋转后的方差解释率和累积总共方差解释率。

表 4-13　方差解释率

因子编号	特征根			旋转前方差解释率			旋转后方差解释率		
	特征根	方差解释率（%）	累积（%）	特征根	方差解释率（%）	累积（%）	特征根	方差解释率（%）	累积（%）
1	8.308	29.67	29.67	8.308	29.67	29.67	8.153	29.119	29.119
2	7.722	27.578	57.248	7.722	27.578	57.248	4.751	16.967	46.086
3	2.327	8.311	65.559	2.327	8.311	65.559	3.774	13.479	59.566

---

① 王延洋. 影响 HBGDFY 医疗联合体医疗信息共享的因素分析［D］. 昆明理工大学硕士学位论文，2018.

续表

因子编号	特征根			旋转前方差解释率			旋转后方差解释率		
	特征根	方差解释率（%）	累积（%）	特征根	方差解释率（%）	累积（%）	特征根	方差解释率（%）	累积（%）
4	1.458	5.209	70.768	1.458	5.209	70.768	3.137	11.202	70.768
5	1.067	3.81	74.578	—	—	—	—	—	—
6	0.854	3.049	77.627	—	—	—	—	—	—
7	0.767	2.739	80.366	—	—	—	—	—	—
8	0.674	2.407	82.773	—	—	—	—	—	—
9	0.615	2.196	84.969	—	—	—	—	—	—
10	0.577	2.059	87.028	—	—	—	—	—	—
11	0.543	1.94	88.968	—	—	—	—	—	—
12	0.466	1.663	90.631	—	—	—	—	—	—
13	0.416	1.486	92.117	—	—	—	—	—	—
14	0.384	1.372	93.489	—	—	—	—	—	—
15	0.317	1.132	94.621	—	—	—	—	—	—
16	0.289	1.034	95.655	—	—	—	—	—	—
17	0.257	0.917	96.572	—	—	—	—	—	—
18	0.203	0.725	97.298	—	—	—	—	—	—
19	0.189	0.674	97.971	—	—	—	—	—	—
20	0.154	0.549	98.52	—	—	—	—	—	—
21	0.139	0.498	99.018	—	—	—	—	—	—
22	0.104	0.37	99.388	—	—	—	—	—	—
23	0.06	0.215	99.604	—	—	—	—	—	—
24	0.046	0.166	99.77	—	—	—	—	—	—
25	0.029	0.103	99.873	—	—	—	—	—	—
26	0.015	0.055	99.928	—	—	—	—	—	—
27	0.012	0.044	99.972	—	—	—	—	—	—
28	0.008	0.028	100	—	—	—	—	—	—

表4-13针对因子提取情况以及因子提取信息量情况进行分析，从表4-13可知，因子分析一共提取出四个因子，特征根值均大于1，此四个因子旋转后的方差解释率分别是29.119%、16.967%、13.479%、11.202%，旋转

后累积方差解释率为 70.768%。

接着，如表 4-14 所示，通过因子载荷系数值，分析出每个因子与题项的对应关系情况，并结合因子与题项对应关系对各个因子进行分类。

表 4-14 旋转后因子载荷系数

题目名称编号	因子载荷系数				共同度
	因子1	因子2	因子3	因子4	
A1	-0.115	-0.162	-0.040	0.779	0.648
A2	-0.126	0.358	0.069	0.667	0.594
A3	-0.108	0.397	0.349	0.423	0.470
A4	-0.127	0.153	0.138	0.768	0.649
A5	0.231	-0.087	0.378	0.663	0.643
B1	0.240	0.470	0.383	-0.146	0.446
B2	-0.046	0.784	0.098	-0.007	0.626
B3	-0.003	0.850	0.119	-0.075	0.742
B4	-0.042	0.809	0.206	0.020	0.699
B5	0.055	0.679	0.222	0.154	0.537
B6	-0.024	0.516	0.293	0.466	0.570
B7	0.213	0.606	0.122	0.139	0.446
B8	-0.050	0.555	0.372	0.323	0.553
B9	-0.069	0.469	0.659	0.318	0.760
C1	0.024	0.199	0.838	-0.044	0.743
C2	0.156	0.292	0.641	0.076	0.526
C3	-0.075	0.121	0.836	0.224	0.769
C4	0.069	0.480	0.551	0.338	0.653
C5	-0.029	0.395	0.578	0.438	0.682
D1	0.972	0.087	0.080	-0.035	0.960
D2	0.958	0.100	0.015	-0.067	0.932
D3	0.970	0.045	0.082	-0.061	0.954

续表

题目名称编号	因子载荷系数				共同度
	因子1	因子2	因子3	因子4	
D4	0.968	0.068	0.056	-0.047	0.947
D5	0.674	-0.122	-0.279	-0.057	0.550
D6	0.965	-0.031	0.026	-0.040	0.935
D7	0.954	-0.020	0.074	-0.026	0.916
D8	0.961	0.093	0.016	-0.035	0.933
D9	0.965	-0.010	0.030	-0.006	0.932

本书采用最大方差旋转法进行分析,以便找出因子和研究项的对应关系。表4-14展示了各因子对于研究项的信息提取情况以及因子和研究项的对应关系,可以发现,所有研究项对应的共同度值均高于0.4,意味着研究项和因子之间有着较强的关联性,因子可以有效地提取出信息。在确保因子可以提取出研究项大部分的信息量之后,接着分析因子和研究项的对应关系情况。

4.3 信度分析

根据4.2节因子分析的结果,并通过文献研究,最后总结出四个因子:因子1——物流信息的影响,因子2——消费者体验感的影响,因子3——商场管理服务体系的影响,因子4——电子商务的影响。下一步,分别对以上四个因子进行具体分析。

信度分析是用于研究定量数据(尤其是态度量表题)的回答可靠准确性的一种方法。首先,分析 α 系数,如果此值高于0.8,则说明信度很高;如果此值处于0.7~0.8,则说明信度较好;如果此值处于0.6~0.7,则说明信度可接受;如果此值小于0.6,说明信度不佳。其次,如果CITC值低于0.3,可考虑将该项进行删除。最后,如果某"项已删除的 α 系数"值明显高于删除

前的 α 系数，此时可考虑将该项进行删除后重新分析①。接下来，分别对四个因子逐一进行信度分析。

4.3.1 物流信息信度分析

从表 4-15 可知，信度系数值为 0.983，大于 0.9，说明研究数据信度质量很高。针对"项已删除的 α 系数"，分析项被删除后的信度系数值并没有明显的提升，说明题项全部均应该保留，进一步说明研究数据信度水平高。针对"CITC 值"，分析项对应的 CITC 值均高于 0.6，说明分析项之间具有良好的相关关系，同时也说明信度水平良好。综上所述，研究数据信度系数值高于 0.9，删除题项后信度系数值并不会明显提高，综合说明数据信度质量高，可用于进一步分析。

表 4-15 信度分析

问题名称编号	校正项总计相关性（CITC）	项已删除的 α 系数	Cronbach α 系数
D1	0.972	0.979	0.983
D2	0.95	0.98	
D3	0.969	0.979	
D4	0.964	0.979	
D5	0.614	0.991	
D6	0.959	0.98	
D7	0.945	0.98	
D8	0.952	0.98	
D9	0.957	0.98	

4.3.2 消费者体验感信度分析

从表 4-16 可知，信度系数值为 0.876，大于 0.8，说明研究数据信度质

---

① 赵爽. 基于 BVA 方法的房地产企业品牌价值评估研究 [D]. 河北大学硕士学位论文，2018.

量高。针对"项已删除的 α 系数",分析项被删除后的信度系数值并没有明显的提升,说明题项均应该保留,进一步说明研究数据信度水平高。综上所述,研究数据信度系数值高于 0.8,删除题项后信度系数值并不会明显提高,综合说明数据信度质量高,可用于进一步分析。

表 4-16 消费者体验感信度分析

问题名称编号	校正项总计相关性（CITC）	项已删除的 α 系数	Cronbach α 系数
B1	0.467	0.879	0.876
B2	0.65	0.859	
B3	0.724	0.853	
B4	0.719	0.853	
B5	0.639	0.861	
B6	0.57	0.867	
B7	0.558	0.868	
B8	0.62	0.863	
B9	0.652	0.86	

4.3.3 商场管理服务体系

从表 4-17 可知,信度系数值为 0.85,大于 0.8,说明研究数据信度质量高。针对"项已删除的 α 系数",分析项被删除后的信度系数值并没有明显的提升,说明题项均应该保留,进一步说明研究数据信度水平高。综上所述,研究数据信度系数值高于 0.8,删除题项后信度系数值并不会明显提高,综合说明数据信度质量高,可用于进一步分析。

4.3.4 电子商务信度分析

从表 4-18 可知,信度系数值为 0.766,大于 0.7,说明研究数据信度质量良好。针对"项已删除的α系数",任意题项被删除后,信度系数并不会有明显的上升,因此说明题项不应该被删除处理。综上所述,研究数据信度系数值高于0.7,删除题项后信度系数值并不会明显提高,综合说明数据信度质量高,可用于进一步分析。

表4-17 商场管理服务体系信度分析

问题名称编号	校正项总计相关性(CITC)	项已删除的α系数	Cronbach α系数
C1	0.668	0.818	
C2	0.564	0.844	
C3	0.715	0.804	0.85
C4	0.676	0.816	
C5	0.693	0.812	

表4-18 电子商务信度分析

问题名称编号	校正项总计相关性(CITC)	项已删除的α系数	Cronbach α系数
A1	0.472	0.764	
A2	0.592	0.704	
A3	0.439	0.754	0.766
A4	0.683	0.672	
A5	0.557	0.721	

4.4 相关性分析

相关性分析用于研究定量数据之间的关系情况,如是否有关系、关系紧密程度等。首先具体分析每个 Y 分别与每个 X 的关系，Y 与 X 之间是否有显著关系；接着分析相关关系为正向或负向；也可通过相关系数大小说明关系紧密程度。

基于上述四因子可信度皆可继续分析，由此，分别对它们与实体商超购物相关联系进行相关性分析。

4.4.1 物流信息与商场管理的相关性分析

从表 4-19 可知，Y1 和 D1 之间的相关系数值为 0.562，并且呈现出 0.01 水平的显著性，说明两者之间有着显著的正相关关系；Y1 和 D2 之间的相关系数值为 0.583，并且呈现出 0.01 水平的显著性，因而说明两者之间之间有着显著的正相关关系，同理可知以上题项即物流信息与商场统一管理有显著的正相关关系。

表 4-19 物流信息相关性分析

Pearson 相关性	
	Y1
D1	0.562**
D2	0.583**
D3	0.592**
D4	0.592**
D5	0.589**
D6	0.619**
D7	0.900**
D8	0.629**
D9	0.611**

注：**$p<0.01$。

4.4.2 消费者体验感与大型实体商超购物方式选择的相关性

从表 4-20 可知，Y2 与 B1 之间的相关系数值为 0.407，并且呈现出 0.01 水平的显著性，说明两者之间有着显著的正相关关系；Y2 与 B2 之间的相关系数值为 0.318，并且呈现出 0.01 水平的显著性，因此说明两者有着显著的正相关关系；而其与 B6 之间的相关系数值为 0.173，接近于 0，并且 p 值为 0.086 > 0.05，因此说明两者之间并没有相关关系。同理可知，以 B1、B2、B3、B4、B5、B8、B9 为主的有关的消费者体验感设计与选择实体商超的相关性明显，而 B6、B7 则与其相关性较弱。

表 4-20 消费者体验感相关性分析

Pearson 相关性	
	Y2
B1	0.407**
B2	0.318**
B3	0.225**
B4	0.303**
B5	0.210**
B6	0.173
B7	0.090
B8	0.341**
B9	0.272**

注：**$p<0.01$。

4.4.3 商场管理服务体系与商场对消费者的吸引力的相关性分析

由表 4-21 可知，消费者对于理想商超的愿景即商超对其吸引力与 C1、C2、C3、C4、C5 代表的商场管理服务体系有着显著正相关关系，即两者关系紧密程度较强。

4.4.4 电子商务与购物消费金额比例的相关性分析

由表 4-22 可知，Y3 与 A1、A3、A4 有显著正相关关系，而与 A2 题项相关性较弱，总体可以反映出电子商务对于消费者消费习惯的金额比例相关性较强。

表 4－21　商场管理服务体系相关性分析

	Pearson 相关性
	Y2
C1	0.345**
C2	0.317**
C3	0.492**
C4	0.629**
C5	0.722**

注：**p<0.01。

表 4－22　电子商务相关性分析

	Pearson 相关性
	Y4
A1	0.377**
A2	0.156
A3	0.457**
A4	0.455**

注：**p<0.01。

4.5　回归分析

回归分析用于研究 X（定量或定类）对 Y（定量）的影响关系，是否有影响关系，影响方向及影响程度情况如何。首先分析模型拟合情况，即通过 R 平方值分析模型拟合情况，以及可对 VIF 值进行分析，判断模型是否存在共线性问题；紧接着写出模型公式（可选），分析 X 的显著性，如果呈现出显著性（p 值小于 0.05 或 0.01），则说明 X 对 Y 有影响关系，然后具体分析影响关系方向并结合回归系数 B 值，对比分析 X 对 Y 的影响程度。

由表 4－23 可知，产品运输过程中损耗常在可控范围之内（D4）、商场帮助店家进货（D9）会对商城统一管理产生显著的正向影响关系。但是缺货状态（D1）、自身的库存成本能有效地控制（D2）、在产品的生产到物流、销售、消费阶段对产品的信息进行跟踪管理（D3）、与供应链上的成员企业有战略伙伴关系（D5）、与供应商形成战略合作伙伴关系（D6）、货物的物流信息存在滞后情况（D7）、对货物都能及时追踪到它的位置（D8），并不会对商城统一管理产生影响关系。以上说明，控制在途成本以及商家物流合作的信息增强会更有利于商场的统一合作管理。

表 4 – 23 物流信息回归性

	非标准化系数		标准化系数	t	p	VIF	R^2	调整 R^2	F
	B	标准误	Beta						
常数	0.086	0.100	—	0.855	0.395	—	0.833	0.817	49.992**
D1	-0.199	0.128	-0.285	-1.557	0.123	18.095			
D2	-0.148	0.196	-0.221	-0.755	0.452	46.441			
D3	-0.081	0.156	-0.121	-0.519	0.605	29.563			
D4	0.426	0.211	0.645	2.02	0.046*	55.034			
D5	-0.214	0.168	-0.319	-1.275	0.206	33.701			
D6	0.311	0.158	0.454	1.971	0.052	28.615			
D7	-0.098	0.121	-0.142	-0.808	0.421	16.691			
D8	0.068	0.112	0.101	0.611	0.543	14.688			
D9	0.881	0.059	0.825	14.826	0.000**	1.673			

注：因变量为商城统一管理。$*p<0.05$；$**p<0.01$。

由表 4 – 24 可知，价格可以商讨（B1）会对消费者选择实体大型商超购物意向产生显著的正向影响关系。也就是说，消费者选择实体商超购物会根据价格可控性对消费者体验感的增强而增强，但是其他代表题项则不会产生影响。

表 4-24 消费者体验感回归性

	非标准化系数		标准化系数	t	p	VIF	R^2	调整 R^2	F
	B	标准误	Beta						
常数	1.698	0.439	—	3.871	0.000**	—	0.258	0.184	3.475**
B1	0.230	0.082	0.311	2.818	0.006**	1.477			
B2	0.128	0.113	0.153	1.129	0.262	2.218			
B3	-0.161	0.134	-0.185	-1.199	0.234	2.902			
B4	0.105	0.121	0.124	0.871	0.386	2.465			
B5	0.115	0.132	0.121	0.867	0.388	2.356			
B6	0.111	0.107	0.125	1.034	0.304	1.763			
B7	-0.219	0.135	-0.214	-1.620	0.109	2.118			
B8	0.004	0.134	0.004	0.031	0.975	2.135			
B9	0.129	0.125	0.138	1.029	0.306	2.169			

注：因变量为实体大型商超购物是非常好的购物方式，今后会以这种购物方式为主。**$p<0.01$。

由表 4-25 可知，增加针对特定人群而提供的商品板块比例（C3）、利用电子科技（C4）所代表的商场管理服务与消费者意愿存在正向影响关系。也就是说，随着商场利用电子科技以及与商家合作开展板块扩展的程度越强，越能加强消费者对于实体购物的意向。

表 4-25 商场管理服务体系回归性

	非标准化系数		标准化系数	t	p	VIF	R^2	调整 R^2	F
	B	标准误	Beta						
常数	0.719	0.310	—	2.317	0.023*	—	0.562	0.538	24.075**
C1	-0.087	0.090	-0.099	-0.971	0.334	2.250			
C2	0.104	0.094	0.119	1.108	0.271	2.463			
C3	0.271	0.110	0.258	2.456	0.016*	2.376			
C4	0.560	0.108	0.543	5.193	0.000**	2.346			
C5	-0.051	0.081	-0.055	-0.631	0.530	1.621			

注：因变量为服务结合的大型商超更吸引我。*$p<0.05$；**$p<0.01$。

由表 4-26 可知，A3、A4 对因变量产生显著的正向影响关系。但是 A1、A2 并不会产生影响关系。所以可知，足不出户的电子商务新体验以及对于电子商务的偏好会极大地影响对于消费方式的选择，而这一选择会随着电子商务的体验感增强而增强，从某种程度上说，电子商务的消费比例增强，会减弱消费者在实体商超上的消费金额。

表 4-26 电子商务回归性

	非标准化系数		标准化系数	t	p	VIF	R^2	调整 R^2	F
	B	标准误	Beta						
常数	-0.758	0.596	—	-1.272	0.207	—			
A1	0.271	0.141	0.210	1.929	0.057	1.625			
A2	-0.219	0.143	-0.154	-1.529	0.130	1.396	0.307	0.278	10.529**
A3	0.325	0.152	0.247	2.140	0.035*	1.833			
A4	0.470	0.155	0.305	3.022	0.003**	1.400			

注：因变量为每月网上购物消费金额所占总购物消费金额的比例。*$p<0.05$；**$p<0.01$。

4.6 本章小结

本章主要针对第三章提出的研究假设，运用 Logistic 回归模型，对香港特区大型商场升级改造的成功因素进行了实证研究。本书首先针对 378 份调研有效样本，对时间因素等 12 个自变量对受访者偏好网络购物或实体购物的影响程度进行了分析；采用最大方差旋转方法，找到了因子和研究项的对应关系后，对"物流信息""消费者体验感""商场管理服务体系""电子商务"四个因子进行了信度分析，证明了样本数据具有良好的结构效度。其次，对四个因子对大型商场升级改造的联系进行了相关性分析。最后，进行了回归分析，对比分析了 X 对 Y 的影响程度。

5 案例研究
——以香港领展商场为例

5.1 领展企业简介

5.1.1 企业架构

领展房地产投资信托基金（领展）是首家香港上市及以市值计现时亚洲地区最大型的房地产投资信托基金，亦是全球以零售为主最大的房地产投资信托基金之一，自 2005 年 11 月 25 日于香港联合交易所有限公司（香港联交所）上市（股份代号：823），并完全由私人和机构投资者持有，公众持股量达 100%。领展为恒生指数成份股。

领展物业组合遍及香港、北京、上海和广州，包括：香港特区约 900 万平方英尺零售物业、约 61000 个泊车位，以及一个发展中项目；中国内地约 300 万平方英尺零售及办公室物业。物业组合的零售物业主要为顾客提供日常所需，办公室物业支持企业租户发展业务，而停车场设施则主要为使用物业的租户、顾客及邻近居民提供服务。

领展房地产投资信托基金为证券及期货事务监察委员会（证监会）根据

《证券及期货条例》第 104 条认可之单位信托基金,受房地产投资信托基金守则之规定监管。领展采纳内部管理架构,旗下拥有的物业组合由领展资产管理有限公司(管理人)管理。图 5-1 所示为领展企业架构。

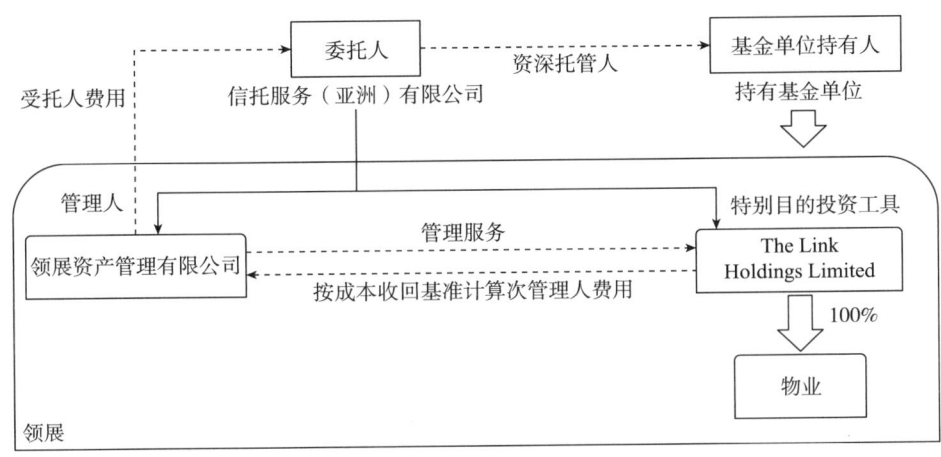

图 5-1 领展企业架构

5.1.2 业务模式

领展现行的投资策略为投资于可获取持续回报、位处香港及香港以外其他司法权区的零售及商业物业(不包括酒店及服务式住宅)。2015 年 1 月,领展扩大投资策略以准许物业发展相关活动后,其业务模式给予领展全面推动增长的能力,包括:

(1) 为具有进一步收入增长潜力的物业进行资产提升;

(2) 为整个物业组合进行资产管理;

(3) 收购收入及资本均具增长潜力的优质资产;

(4) 通过出售非核心资产使资金得以循环投资;

(5) 设计、建造及持有物业发展项目;

(6) 重建现有物业以达至长远可持续增长。

具备发展零售及商业资产的能力(连同资产收购及出售)让领展得以加快优化其资产组合。该推动力于不同时间为领展添加不同范畴的能力,彼此相

企业战略转型与模式创新

辅相成,且共同让领展得以在不同发展阶段逐步增长。

领展致力于为商户、消费者及社区带来具有活力的购物中心,提升生活品质,为办公室租户提供有利营商的设施及服务,从而在稳健发展的业务中为单位持有人带来持续上升的投资总回报。

5.1.3 地域分布

领展旗下的物业组合包括香港约 900 万平方英尺零售物业,为香港规模最大的房地产信托基金。

领展的香港物业组合覆盖范围广泛,其中六成物业位于新界地区,九龙和香港岛则分占三成和一成物业。有关零售设施坐落于人口稠密的地区,公共及私人屋苑近在咫尺,毗邻港铁。购物中心占尽地理优势,人流自然络绎不绝,更成为居民日常生活的小区中心。

为使资产组合地域分布更为多元化,领展的业务正于中国内地一线城市稳步扩展,购入两个购物商场——位于北京海淀区的欧美汇购物中心及广州荔湾区的西城都荟广场,并于上海淮海中路核心商区购入附有零售设施的高端甲级办公楼物业——领展企业广场。由购物地标、地区商场到小型零售设施及地铺,领展致力于为顾客提供更佳的购物体验和更多元的选择。通过为零售设施进行资产提升,领展打造现代化的购物环境,在吸引新零售商户之余,亦能满足顾客的不同需要。

5.2 案例分析

5.2.1 传统商场升级改造策略

5.2.1.1 领展商场的升级策略

从传统商场升级的基本理念上看,升级要考虑到进驻的奢侈品牌,所以采取的升级策略是要使它们能够直接掌握终端消费者的历史数据,自然可以增加销售,扩大市场占有率,进而获得更多的利润。领展商场有自己的零售产业链,与其他传统商场相比,其具备专业的零售营销经验及能力,具有强大号召能力的品牌影响力,香港消费者更加愿意光顾领展的店面,因此更容易实现理想的销售额和利润额。领展商场的升级是战略性地考虑到如何加强进驻品牌的强势地位,既可提升销售额,又可以提升商场的品牌形象。但是,这要精确地控制进驻的店铺数量和品牌的实力。它们可以向品牌方要求非常低的联营扣点,甚至外加装修费用。因此,非常希望以联营甚至租赁铺面的方式进驻领展。

领展商场在全香港百货商店中开设的品牌店,几乎全是联营或租赁。因此,领展商场升级的理念是如何通过新式的空间设计和营销配套计划最大限度地吸引它们。这是在效仿国外一些著名的百货商场的做法(例如美国第五大道百货商店)。从百货商店方面看,由于竞争激烈,争夺强势品牌成为内部升级的重要考量之一。加之近年来全球经济衰退,在香港进驻的品牌零售店锐减,使这些品牌的进驻成为非常稀缺的资源。因此,领展商场"不惜一切代价"实施升级策略,为的就是能够与新崛起的大品牌联手(或者称为联营),如此一来也可以降低领展在今后的经营风险,减少经营费用及投资资金的占用,促成资产的升值。如表5-1、表5-2、表5-3所示。

表5-1　领展截至2018年3月31日完成商场提升项目的投资回报

	项目资本开支总额 (百万港元)	预计投资回报 (%)
隆亨商场	58	21.4
T Town	260	19.1
祥华商场	101	17.6
广福商场	31	20.4
富东鲜活街市	29	25.9

续表

	项目资本开支总额 （百万港元）	预计投资回报 （%）
天慈商场	38	37.7
黄大仙中心南馆	151	30.7
小西弯广场	56	25.0
东华商场	46	15.3
慈云山中心—零售部分	70	24.8
翠屏（北）商场	37	30.1
TKO 街市	91	15.3
显径商场	35	40.4
天泽商场	41	15.2
总计	1044	

注：①预计投资回报是按完成项目后的预期物业收入净额减项目实施前的物业收入净额，除以项目预计资本开支及租金损失计算。②项目包括鲜活街市提升。

表 5－2　领展商场提升项目概况

	项目数量	预计成本（百万港元）
进行中的项目	10	912
待相关部门审批的项目	4	559
其他规划中的项目	>20	>1300
总计	>34	>2771

表 5－3　领展进行中已审批的提升项目

	预计成本（百万港元）	目标完成时间
环翠商场	151	2018 年中
何文田广场	124	2018 年中
三圣商场	32	2018 年中
富善商场	93	2018 年中

续表

	预计成本（百万港元）	目标完成时间
启田商场第一期工程	34	2018年底
长发广场	98	2018年底
富泰商场	59	2018年底
顺利商场	76	2018年初
乐富广场	151	2018年初
彩明商场	94	2018年初
总计	912	

注：项目包括鲜活街市提升。

5.2.1.2 商场升级的成功因素

在领展商场升级的前期，有35%的分析工作分散在不同部门完成，如营运部、客户关系部、销售部、推广部等。各部门根据掌握的数据和自身需求进行升级工作的配合。此外，基于此反馈，本书认为商场升级的成功因素是设置职能专一的部门分阶段进行工作和配合。升级的一部分原因是为了转型O2O。在这方面，营销决策要做出分类，给予新的决策支持和营销效果分析等，亦对营销目标进行分类和贴标签，升级后期根据特定顾客进行营销。

企业的资源是另一个成功因素。领展商场属于资源配置意识较强的企业，对各种资源的利用也呈现出成熟迹象。在资源的获取和分配方面，领展面临的问题主要来自如何支持多个同时进行的升级项目。它们的资源占有不一致，信息架构阻碍数据收集使零散的资源难以整合。在实施方面，缺乏一些先进的软件工具，使升级进度的数据缺乏可信性。在依据资源洞察升级的行动方面，有时候还缺乏能将业务知识与升级事务相结合的人才。本书发现，零售企业对自身资源的认识与升级成功的效率有重要关系。

5.2.1.3 升级策略之商铺租金最大化

从全球传统商场的发展趋势看，升级后的商场空间主要是面对入驻的商铺。不同品牌的大体比例为中等品牌占60%，大型品牌占40%，欧美和日韩品牌各占20%、30%、20%、30%。这几个国家（地区）的品牌在自己的国家（地区）有成功和失败的，并没有体现出比例的设置是否真的与升级有关。尽管有学者对升级后的进驻商铺比例过于同质化提出了种种质疑，但不做出出租方式的改变商场便会陷入困境。其实，领展商场恰恰是诸多奢侈品牌的代理商，因此出租比例中本土品牌比欧美日韩要小。但是，领展的企业报告显示该比例正在减少，因此其面临困境的原因并非升级失败的结果。领展商场效仿美国老牌Macy's商场采取多层次商铺出租的方式，摆脱了经济低迷的状态。

其他国际上传统商场的商铺出租方式太单一，一方面是行业的特性所致，另一方面是改变出租模式的风险太大。至今成功升级并彻底改变出租模式的例子很少，不少大型商场仍然在探索过程中。以部分中国内地的大型商场为例，2005年深圳南山区开业的海岸城采取的是半混合式的出租方式，与此相对应的是当时在大中城市流行的"买断"模式。但是其转型并不成功，一年销售额仅为4500多万元，2006年在投资收益下降的情况下无奈调整回单一的出租方式，销售额慢慢在次年恢复到2.1亿元。另一个例子是香港连卡佛百货，它是一家豪华百货店，超过80%的品牌属于独家经营，这与许多传统商场相比是十分大胆的做法。其2000年进入中国内地市场，第一家门店位于上海淮海中路，随后在中国各大城市开设了店铺，但是由于经营状况不佳，2006年全部撤出（Saaksjarvi and Samiee，2011）。由此可见，过高的独立经营比率也并非理智的策略。

未来的发展方向是在租金和出租合约方面要帮助发展本土的弱势品牌。按照Guercini和Ranfagni（2013）的定义，弱势品牌是指新上市的品牌或每年给商场的利润贡献低于50万元人民币的品牌。尽管这些品牌的市场占有率比较大，但是升级后的商场必然会将它们的数量减少。考虑到升级后真正的成熟顾客群体并没有形成，加上电商时代其实是非常微利的，商铺的租金必然会朝着增大的方向发展。

严谨的资产管理方针有助于领展商场在活跃市场上保持良好的表现。截至2018年3月31日，物业组合的租用率维持在97%的高水平。年内的续租租金调整率为29.1%，而零售租金收入则按年上升5.3%。剔除所有于分析年度内出售及收购的物业后，零售租金收入比往年增长9.5%，反映了领展现时的物业组合有相对强劲的增长潜质（见表5-4、表5-5）。平均每月租金则由2017年3月31日的每平方尺55.3港元上升至2018年3月31日的每平方尺62.4港元。

表5-4 零售物业组合的营运数据　　　　　　　　　　　　　　　单位：%

	租用率		续租租金调整率		占总面积的百分比
	截至2018年3月31日	截至2017年3月31日	截至2018年3月31日（年度）	截至2017年3月31日（年度）	截至2018年3月31日
商铺	97.4	97.1	31.2	23.4	83.6
街市/熟食档位	92.9	90.3	12.9	27.0	9.2
教育/福利及配套设施	97.1	91.4	15.0	20.5	7.2
总计	97.0	96.1	29.1	23.8	100.0

注：统计不包括自用办事处。

表5-5 零售物业组合分类

物业	物业数目	零售物业估值（百万港元）	零售租金（年度，百万港元）	平均月租金（港元/平方英尺）		租用率（%）	
		于2018年3月31日	截至2018年3月31日	于2018年3月31日	于2017年3月31日	于2018年3月31日	于2017年3月31日
都会	6	30604	1117	83.0	76.0	96.3	96.9
汇坊	33	74273	3358	70.6	65.9	97.7	96.8
邻里	70	36636	1670	44.9	40.3	96.4	94.8
已售出物业	—	—	546	—	41.6	—	96.4
总计	109	141513	6691	62.4	55.3	97.0	96.1

注：①平均月租金指已出租面积的每平方英尺每月平均基本租金加管理费。②已售出物业指17项于2018年2月底完成出售的物业。

5.2.1.4 O2O 模式下商场的商铺出租

大型商场对商业品牌的偏好程度不尽相同,部分商场偏好更多地布局本土的自营品牌,另一部分则偏好国际大品牌。吸引商铺的方式可以以稍微增加买断的方式来提高经营收益。消费者购买诉求的产生并不一定来自低价的吸引,有的更有可能来源于对品质型消费产品的需求,如奢侈品的消费。对于奢侈品这一类的商品,线下零售店自营则更加适合。本书对领展商场的商品结构进行了详细分析,其特征适合采取多样化的销售方式。

香港地区部分品牌经营者选择自建品牌专卖店销售产品,而不选择进驻大型商场,原因有两个:一方面,专卖店销售资金回流较快,不存在进驻商场销售的账期问题;另一方面,自营专卖店定价灵活,且适合香港居民的购物习惯。对于领展商场的商业策略来说,应该尊重当地居民和游客消费习惯的转变,再调整进驻出租的条件。国际代理商基本都在香港所有的商场设点,这种方式取得了成功,符合香港主要消费人群的需求,产品以规模和低价的策略占领市场,会获得理想的利润。

调查显示,大型商场若存在 O2O 经营模式,一些租户将明显地选择租赁商场的店铺。百货商店都可以在与供应商合作中占据优势地位,前提是必须为供应商创造更大的价值。其实大多数情况下也有另外一种选择,那便是加入 O2O 的供应链,这样可以创造更大的价值。在具体实施的时候,对策思路为确保商场的最低利润(这是因为传统商场的利润已经压到最低),然后通过多样化的产品吸引顾客。大型商场 O2O 升级转型增加了消费者线上体验,因而使实体店更具有吸引力。对于现代零售业而言,消费者购买的已经不再是商品本身,而是其经历的整个消费体验。消费环境、产品品牌、服务、消费者感官价值等都将会影响消费者满意度[①②]。

理论上,在 O2O 模式下,传统商场的服务受到限制(这也是升级动因的

---

① 李春晓,栾月,李晓义,冯浩妍. 解释水平视角下非惯常环境差异性对消费者购买偏好的影响研究 [J]. 商业经济研究,2018 (19):33 – 36.

② 王先庆,雷韶辉. 新零售环境下人工智能对消费及购物体验的影响研究——基于商业零售变革和人货场体系重构视角 [J]. 商业经济研究,2018 (17):5 – 8.

一部分），关键问题是商场的服务如何按照新的一套标准执行。另外，如果升级的交付不合约定，那么所带来的麻烦会很多。服务标准高于商场标准的一部分国际品牌会对商场服务产生强化作用，对于标准达不到商场标准的部分品牌而言，可通过商场服务标准化来约束和提升其服务品质（Guercini and Ranfagni，2013）。毕竟，减少O2O的约束可以提高各个品牌店服务的质量，向广大消费者展现优秀的成果，而这一点恰恰是领展商场升级最为核心的价值。从进驻商铺的角度来说，也是为各个品牌商提供了有利的增值服务和管理技术，无疑有利无害。

领展商场在混合出租的模式下首先考虑的是如何进行服务的创新。一开始在本土品牌的出租方面进行了有益的尝试，然后在服务方面提出创新，例如VIP一对一陪购、24小时客户服务热线、国际代购服务等。一些商场的标准化服务已经不在话下，例如一次性退换货服务、免费停车场、免费礼品包装、免费送货等。这些都是单纯的O2O模式所无法实现的。考虑到这种情况，完全投入的成本太大，对升级的前期进度可能会出现负面影响。

Aaker等（2013）也认为，过早的O2O转型不能促成大型商场的形象提升。换句话来说，领展商场需要从O2O服务组合升级的角度去提升服务品质，而非仅增加一些新的安全设施和消防设施这么简单。升级的结果要完整体现领展商场的服务宗旨和商业理念。从营运的角度来说，这就形成了当代新型商场的服务为导向的优质形象。而在混合出租的模式下做到这一点需要商铺提供与自营门店相同的服务。

5.2.1.5 商场升级与商铺租金管理

在O2O模式下，大型商场商铺比升级前更加关注租金水平。但是，租金基本是由多种因素控制的，商场单方面的定价并无长期的有效性。O2O模式下大型商场升级不能过于注重租金，而应关注租金的长期影响。租金的最大作用是折射出进驻品牌的档次，能够和升级后的商场档次吻合。当商铺进驻商场后，商场管理方很难控制租金水平，商场可利用一系列促销活动进行租金调整与优惠活动推广。

例如，领展商场从 2008 年开始的周年庆促销活动，向进驻的商铺提供八折的 5 年连续合约活动，在 2008~2009 年全球金融危机的环境下，活动销售额达到了 2.1 亿元港币，招揽了 17 家国际品牌店铺和 22 家本地品牌店铺。这在当时是较为成功的成绩。但是，本书认为这不是因为它们促销力度比竞争对手更大，而是创新了出租的方法，营造了一个实惠的感觉，重点是体现商场升级后价值的第二重要的标志。

理论上，罗珉（2005）认为，合约的优惠是 O2O 环境下提升租金的有效方法之一。毕竟，价格是商业中买卖双方最关注的要素。似乎领展在混合出租模式的情况下对营运效益更加有信心。领展商场升级后完全有条件组合更有魅力的品牌商铺。就像商铺要根据目标顾客购买力的水平来选择品牌，领展商场的租金水平设定也要依照同样的道理。升级所带来的营运成本却比以往高出很多，但是营业额在新的零售环境下得到最大限度的实现。大型商场对于进驻品牌的偏好程度不尽相同，因此，不是所有的品牌都能入驻领展。目前，领展采取的策略是品牌没有优劣之分，主要看是不是适合香港的消费趋势。当消费群体与新品牌之间存在较大的距离时，就无法实现较好的经济环境，不仅浪费了商场升级过程中耗费的人力、物力，领展亦不能从中提升收益。

5.2.1.6 升级前、中、后期的商铺关系管理

领展商场升级部分原因来自原有的商铺和消费者容量有限，对后续发展没有推动作用。对于一些二、三线的品牌领展可能没有升级的需要。但是，由于领展当时打算放弃代理的方式而进行自主经营，也就是不通过房地产商等中间商出租旗下的资产。如此一来，领展的资产价值明显加大，但是也难以灵活操纵。例如，目前 55% 的商铺是领展直接联系进驻的，甚至一些欧美、日本市场的奢侈品牌，都是由领展不通过中间商直接联系的。

此外，领展商场也代理着一定数量的国内外著名品牌，比例为 5∶3 左右。商铺关系的管理是以租金水平为主导的形式。近年来，商场决策者们开始关注到市场上部分个性以及国际小众品牌的快速发展，并积极开拓这一领域的市场。对于二线品牌来说，领展完全是直接充当"代理商"的角色。在升级之

后，独立品牌的开发和国外代理品牌商铺的租金分开做调整。

5.2.2 O2O 转型产业结构

5.2.2.1 领展转型 O2O 模式的战略

综观国内外的传统商场的经验，从自营向 O2O 的转变最主要的原因是竞争环境的改变。例如，香港领展商场作为香港地区最大的传统商场之一，面对急剧发展的电子商务，必须进入许多网络化的商品区域。企业向 O2O 转型其实是将部分业务网络化，或者成为网络化企业。虽然在网络市场有一定的成效，但是也有忽略实体市场的可能。在初期，加之不熟悉网络商店的经营方式，自然会出现进入市场困难的问题。领展商场在另外寻找供应商来打开国内市场的同时，也需要从以下两方面做出努力：一是在网络平台提升自己的品牌价值和形象；二是面向与品牌定位匹配的网络群体。分析证明，领展的 O2O 转型确实是以供应商为主的，双方具有优势地位的战略，直接决定着自营或联营方式的选择，以及在自营或联营方式中利益的具体分割。

因此，商铺需要提升升级之后的品牌形象和提高供应商的利润。如此一来，O2O 模式下商场引进品牌的花费就不会太高。此外，领展努力提升自身品牌形象，推动自营商品的畅销。有畅销的品牌和产品，O2O 模式就会有好的业绩。Keller（2013）提出类似的观点，O2O 转型以品牌形象和供应商关系管理两者共同提升销售额，商品可以达到供应商品牌的理想状态，这是最优的情况。

这也反映出 O2O 转型要注重品牌形象和销售渠道[①]。一般来说，这是基于一定的商圈范围或目标顾客，从 A 渠道出售到 B 渠道，融合发散到 C/D 商圈。此外，网络商品的种类极为丰富，顾客的品位和选择变得异常差异化。O2O 品牌如果要畅销，领展的战略是找对网络商铺和供应商，还要找对销售渠道。简单来说，就是让品牌和产品进入相对匹配的网络渠道。例如，奢侈品牌应该

---

① 姜力文，戴守峰，孙琦，喻海飞. 考虑品牌 APP 丰富度的 O2O 供应链渠道选择与定价策略[J]. 管理工程学报，2018，32（3）：178-187.

对应高端的网络平台,时尚品牌应该努力进入大众流行的平台。供应商应考虑到入驻商圈、消费群体及偏好、实体店形象及规模的诸多区别,应使商场提供的同一品牌的不同产品与之匹配。访谈结果却显示,目前领展的许多供应商仅重视产品品质的改善,不重视与领展经营范围的匹配。

T.O.P 是领展首个坐落于旺角核心商业区的商场,贯彻该区充满活力及潮流时尚的特色。T.O.P 活用科技与社区参与的元素,打造出首项融合线上及线下消费的物业,为顾客带来崭新的"新零售"体验。"新零售"标志着领展坚守信念,锐意打破传统商场管理模式及致力提升顾客体验,以迎合不断转变及充满挑战的零售市场环境。

电子商务的崛起不但为传统零售商带来各种挑战,消费者喜好因此也有所转变。为应付不断转变的需求,T.O.P 的商户组合已转至无缝的全方位零售体验——提供多元化的"新零售"商户及期间限定店,当中涵盖潮流服饰、生活时尚及配饰。这些新品牌既能通过社交媒体扩大顾客群和提高知名度,也能通过 T.O.P 将顾客由线上带到线下,亲身互动。

5.2.2.2 领展升级与 O2O 的运作模式的关系

领展升级的其中一部分原因便是 O2O 商业模式的驱动。基于 O2O 模式的零售业创新的驱动力分析是刻画企业创新销售策略的必由之路。借鉴波特五力模型,O2O 模式下的零售产业竞争环境是企业与包括上游供应商和下游消费者、潜在进入者与替代品供应商以及提供相似产品和服务的企业在内的五种力量的竞争,近几年来领展商场使用了创新的驱动力模型,分析 O2O 零售产业结构中的各个参与者,揭示出影响销售的主要因素。

此外,领展升级的其中一个目的是零售业创新,它的根本动力是消费者需求的快速变化。例如,程如烟(2012)研究指出,快速的人口、经济、社会和技术变化,零售业创新不但可以提供更加优质的商品,还可以更好地服务顾客。从战略经营的角度来看,这可以帮助领展商场获取 O2O 市场份额和对产业的重新投资。不得不提的是,O2O 市场的消费者价值观越来越具有个性,需求也多样化。高素质和高收入的顾客使商场在 O2O 模式中推出创新产品和服务来获取利润。消费者和竞争者都是零售创新最直接和有效的驱动力,也是转型O2O后的竞争力的重要来源。

领展在升级后必然会在O2O结构中遇到波特竞争分析模型中的五种竞争力量,同时也是驱动零售业创新的重要力量。零售业同业竞争日益激烈,在获取O2O份额的战略方面,主要是采取"中间路线",发展明显的服务、商品特色。该战略也在北美和欧洲等成熟O2O市场使用,通过大量促销来吸引消费者。在O2O领先竞争者创新示范效应的影响下,领展商场必须在技术、成本和业态等多方面实施差异化战略。

商品供应商在分销新产品和服务的时候需要做出改变,特别是必须满足国外商铺的要求。例如,新型时装的推出需要重新设计符合其营销与平台推广的卖场。O2O渠道下的商品供应商驱动力量受限于其自身商品和服务的创新能力,因此,它对零售业创新的驱动作用显得相对较弱。但随着互联网和通信技术的发展,O2O模式结构内必然会加入更多的新兴零售进入者。它们大部分并无店铺作为销售平台,因此迫使领展商场不得不采取新的成本手段或者供应的创新来应对竞争。目前,领展销售的主要方式包括网络购物、电视购物、电话购物、邮购等。

Guercini 和 Ranfagni(2013)针对O2O新竞争者的经营策略转变的观点认为,零售企业在O2O的成熟期必须密切关注潜在新进入者的动态才能准确做出企业经营的决策。新技术是影响零售业变化的最重要推动力。与其他行业相比,潜在新进入者的存在迫使大型商场愿意尽早在运营过程中应用各种先进技术。目前,领展商场的新技术包括最新的商场视听设备、基础设施(例如电梯、防火等实施)和硬件技术。在管理技术方面,O2O转型会在管理流程、组织架构等方面有新的要求。特别是物流或信息通信设备,在O2O转型的零售业中重要性比实体经营的要大。

5.2.3 企业发展战略

5.2.3.1 领展目前发展策略

企业的发展策略就是从不断重复出现的事件中发现和抽象出的规律。各个行业均有最适合企业的环境、发展模式和创新的理念。以领展商场来说,零售业创新模式是市场上不同的要素和政策环境共同驱动的结果。在李经理的反馈的基础上,本书总结了领展目前的六种策略:典型的零售企业策略、专业服务策略、自主创新策略、合作创新策略、联营策略和网络经营策略。以上六种策略综合运用,对应市场的机遇与挑战,发展永续经营的能力。但是,不得不说的是,文献中一些学者指出零售业发展策略稍有不同,特别是领展的供应商策略、库存补货策略和市场数据收集策略在目前O2O结构中并未发挥最大作用,可能是因为新进入者在不同媒介都引起了极大的竞争,例如电商、电视购物、电话购物或者邮购等。

以消费者为主导的创新这种创新模式一般是以制造高度客制化的产品和服务(例如高效节能产品和送货到家的服务)为主。尤其是在知识密集型的零售产业环境中,该策略为服务商引入更多的创新动力。这种模式在欧美零售业中也十分普遍。此外,领展引入新的产品概念,为最大化员工的创造力发挥着重要的作用。鉴于中国内地和跨国零售企业在全球的迅速扩张,一方面加剧了香港零售同业竞争,另一方面也带来了很多创新观念与技术,一定程度上也促进了香港零售业的创新活动。于是,领展商场在2015年引入了新的货架、商铺合作发展计划、新特许计划、新的生意伙伴系统。这些策略为的是应对同业竞争者引起的创新之战。

智能手机平台是领展商场目前最主要的O2O转型方向。例如,李经理表示,在过去的两年领展不断在手机广告和三维动画广告方面投入,目的是使企业在新一代消费者心目中更具有特色,满足他们的需求。O2O转型并非易事,目前的策略是引入适合O2O转型的组织创新或管理创新、员工管理制度、新激励制度、生意操作流程和项目管理流程。本书也认为,领导阶层和员工观念要先发生转变才能带动企业结构发生变化。在零售企业,现今经营的各个方面都发生了改变,典型例子是电子商务创新模式。

在O2O结构下,国际零售大体分为四种类型:实体店铺零售、无店铺零售、有无所有权和店铺聚集。采取哪种类型的零售形态决定了企业的成败。本书认为，领展的管理层是认识到传统零售业的弊端的。长久以来，零售业均被定义为劳动密集型服务业，其从业人员素质相对较低，创新能力不足，过度关注成本及毛利。在创新就是资本的时代，企业需要采取更加依赖于信息资源的运营方式。对于领展来说，比较强调组织结构与经营方式先做出变化，然后再根据消费者新的消费习惯和行为创造自己的电子商务模式。

5.2.3.2 领展未来发展策略

在未来，结合领展O2O的营业环境和新的税收政策，最主要的构思是如何实现营收目标。管理部门会规划打造更加统一的营运系统，以快速高效地支持证券化过程，以及打造新式的O2O门店和实体店。这方面主要有两个计划：第一，推动O2O的业务快速高效发展。应用新技术创新科技服务，通过社交媒体、移动装置、大数据分析以及云计算来达到与O2O客户的即时互动。第二，为商铺提供更加全面的出租服务和供应链沟通服务，提升供应链整体效率。葛经理补充到，领展现属于O2O转型的初期，目前的策略是经营信息和交易信息的整合，建立涵盖业务循环的信息系统。在该信息系统的支持下，全年可以进行经营策略管理、营运监控、事业盈亏管理及风险预防。

在产生自我发展的能力方面，领展目前建立了整合实体和O2O的运营平台，但现在缺少标准化的作业程序。在未来的三年中，管理部门会强化核心的经营部分和会计系统，推动新的O2O运营系统，例如新官网的投放、电子商务平台的开发和上线、消费者与领展门市信息即时互动。这些计划将使营销活动更有效率，提升顾客到店率并使服务的满意度更高。本书认为，让经理人员有效率地从单一的营运模式转到双重模式需要实时获得每日业绩分析情报。

商场应该对商铺的出租的会计处理更加谨慎，要求结合领展的商业地产类型将出租的租金水平分为两种类型：融资租赁和经营租赁。租赁分类确定出租人如何及何时确认租赁收入，以及出租人进行会计处理的租赁资产有哪些。按照香港的税法，承租人在其资产负债表内将大多数租赁确认为具有相应使用权资产的租赁负债。领展对于大多数租赁使用单一模型。站在税收的角度来说，损益确认模式将变更为利息和折旧费用，并在损益表中单独确认

企业战略转型与模式创新

（类似于现今的融资租赁会计处理）。当然，商铺的承租人亦可选择自己认为适合的会计政策，将 IAS17 中类似的经营租赁会计处理应用于短期租赁和低值资产租赁。

领展商场的租金水平以承租人性质为限制，例如对于零售和消费品业承租人的租金水平一般比奢侈品的要低。这意味着对领展在未来租金方面的策略可能要加强经营租赁进行会计处理，才能平衡大多数商铺的租金收入。本书认为，确认资产和负债方案是可行的。确认承租人的资产和负债以免他们对企业财务报告和业务产生影响也是非常重要的策略。一般来说，需要确认的是大多数租赁的租赁义务和一些关键指标。对于租赁大量商铺和/或高租金地段的商铺，影响可能是显著的。实施该准则还可能要求企业开发新流程和控制来跟踪租赁并对租赁进行会计处理，例如对租赁的期限的设置、对与租赁相关的资产和负债进行初始和后续计量、识别并分配租赁部分和非租赁部分的对价、收集和对利益相关者披露税收信息。

5.2.3.3 领展未来的创新策略

电子商务就是应用信息和通信技术来支持领展的商务交易活动。领展在未来将会更加注重消费者的利益，以完善银行电子支付和结算为手段保护客户数据。对于领展来说，O2O 与实体零售产业的结合将成为传统商务活动的重大改革。基于应用服务创新四维模型，研究发现：与同业零售商相比，领展在客户定制化服务、顾客关系管理、配送系统与技术选择上进行了有效提升。该创新的基础是通信与信息技术的支持，并有效结合消费者需求的变化、"新零售"的出现以及交易结构等变化做出及时的应对策略。

领展商场在 2017 年推出了虚拟零售、虚拟采购等服务。通过新顾客界面，例如创新的用户和供应商服务（服饰商铺的特殊服务），基于用户大数据的顾客忠诚系统等技术措施，零售商管理系统也由原先的产品管理为核心转化为顾客管理为核心。电子商务对领展商场的冲击表现为其采用现代化技术将传统零售行业高度同质化、大规模的营销手段向异质化定制营销转化。在物流管理方面，成本优势是目前零售业价值链的关键增值因素。领展商场将采取更多的数字化技术来有效地实现对领展物流业务的有效升级，对商品流通进行系统的组织与管理，实现零售物流管理的数字化与可视化。

领展在未来会对交易结构做出创新，减少交易成本，提高速度、灵活性或可靠性，通过新产品线和新服务系列的多样化，满足不同目标顾客群的需求。但电子商务的发展并不意味着传统零售时代的终结，而是一次对传统零售业更新与提升的机会。因此，产品和服务的创新是一个动态的过程，在产品设计、生产流程管理、物流管理等诸多方面都应体现应对客户的需求反应能力。对于领展实体部分的运营来说，领展的地理扩张将会放慢以减少开支，利用现有的贸易伙伴维持传统零售业的收益。

在大数据时代，企业对未来如何利用大数据以及大数据的发展构想主要有以下方面。传统商场可以通过对价值链上多方数据的分析挖掘，提升供应链及物流管理的整体运营效率，并基于大数据分析结果支持领导层决策。部分零售企业已经或多或少地利用数据帮助提升内部运营，比如利用大数据收集分析，寻找更好的顾客群体、供应商、服务团队等。这与 Guercini 和 Ranfagni (2013) 所持的零售企业通过对海量数据的整合和分析，形成独立的产业体系的观点一致。在大数据时代，对消费者的个性化需求分析的目的是要做到顾客需求与供应商资源快速匹配。领展还将会购买第三方的多款大数据产品，为商铺变动的数据分析、数据备份、加速订单处理、租金水平研究等多方面提供支援。

O2O 的机构下零售企业必须为市场营销人员提供更加真实、准确、快速和低成本的消费者数据。对于领展的升级和商业地产证券化来说，它的部分业务转向平台型其实是零售商的数据转型。从 O2O 的角度来讲，这是重要的搭建企业生态环境的策略，为 O2O 平台上的加盟企业提供价值，促进共同的繁荣。大数据将成为领展的核心竞争力，将客户、供应商和商业群体的利益联合在一起。因此，数据的一致性、精细化程度等将成为关键策略。目前，香港的传统零售企业还出现了完整企业生态系统名，这对于期望借助大数据平台的企业是有利的。在调研中我们发现，领展的高层表达了对构建大数据平台的需求和想法，将整条产业链的利益通过不同业务单元整合，并形成一个整体的对内对外服务、平台化的面向多行业的新型商业体。

5.2.4 租金和资产增值

5.2.4.1 提升领展物业租金为资产增值

物业租金的提升是一个渐进的过程。要使租金提升，首先要识别，即明确在租赁合同中指定租金的条件。对于领展来说，它的大小物业非常多。此外，提升租金的资产被明确指定，在合同开始时，领展在整个使用期内虽然具有替换该资产的权利，但是不能随意提升租金。因此，在识别资产的权利的基础上，在整个物业的使用期内替换另类资产才能提升租金。从资产增值的角度来看，商场需要能够从行使替换资产的租金中获得经济利益，则资产的增值具有实质性。

租金的增值性可扩张到多项资产，例如仓库、车间设备、商场内的机械设备等。通过使用权的合同，可将各项资产的使用权视作单独的租赁部分，物业租金的收入也就提升了。本书赞同这一观点。一方面，资产的增值来自商场能够从单独出租商场内部相关资源的权利，将其与承租人易于获得的其他资源一起使用中获益。另一方面，一些资产并未与合同中的其他相关资产需要明确确定之间的联系，否则会引起投诉。例如，领展的仓库租赁可用于毗邻土地的开发，能够从不同的项目中受益。又例如，许多包含租赁的合同中附带买卖其他商品或服务的协议，对于这些合同，需要依据其他准则识别非租赁部分和租赁部分，并分别进行会计处理。

领展通常临时将零售铺面转租给第三方（非合约进驻商铺）。根据香港地区的IFRS16，临时性的中间出租人基于承租人的租金需要进行会计处理。但是，中间出租人会就剩余使用权资产而非再转租赁，这部分可作为增值的部分。此外，IFRS16要求商业地产的中间出租人按照《国际会计准则第40号——投资性房地产》的准则来计量租赁的资产的使用权。前提是租赁房地产符合投资性房地产的定义，转租赁被分类为经营租赁以及中间出租。基于此，租金的提升比较麻烦，资产的增值耗时长。这反映出财税政策对租金的限制，企业该选择适用于逐一计量的方法来衡量哪些商业房地产可以使用以上方法。

领展的物业组合涵盖约9500份租约，为顾客提供多元化的购物体验。领展主要通过地区分析和商户调查来辨识机会及了解本地市场的需要和喜好。为响应不断转变的顾客需求，领展持续优化行业组合，为商户提供充满活力及高客流量的营商环境。与上一个财政年度相比，香港物业组合商户平均每月每平方尺零售销售额稳步增长8%，领先香港整体零售市场的表现。在生活必需品行业中，"饮食"和"自选商场及食品"的表现仍然强劲，每平方尺零售销售额分别按年增长11.9%及3.7%，而"一般零售"行业也取得了8.1%的升幅。2018年内，香港整体物业组合的租金对销售额比例为12.9%。在特定的行业类别中，"饮食""自选商场及食品"及"一般零售"行业的商户在2018年3月内取得的租金对销售额比例分别为13%、11.4%及14.3%（见表5-6）。

表5-6 香港物业组合零售行业　　　　　　　　　　　　　　单位：%

行业	占每月租金的百分比	占已出租面积的百分比
饮食	27.6	28.1
超级市场及食品	21.9	18.1
街市/熟食档位	14.6	8.8
服务	10.5	9.7
个人护理/医疗	5.7	3.8
教育/福利及配套设施	0.9	7.2
贵重商品（珠宝首饰及钟表）	0.8	0.4
其他	18.0	23.9
总计	100.0	100.0

香港零售市场于2017年逐渐重拾正轨，与此同时，领展积极实行优化商

户组合及市场推广活动,为商户打造更好的营运及购物环境,零售租金取得5.3%增长。由于泊车位需求增加,加上商场访客数目上升,停车场租金亦有所上升,增加5.5%。按相同基准计算,剔除所有于分析年度内出售及收购的物业后,零售租金及停车场租金均得到令人满意的增长,分别上升9.5%及10.9%(见表5-7)。

表5-7 香港物业组合收益分析

收益分类	截至2018年3月31日(百万港元/年度)	截至2017年3月31日(百万港元/年度)	年变动率(%)
零售租金:			
商铺	5460	5140	6.2
街铺/熟食档位	905	893	1.3
教育/福利及配套设施	149	147	1.4
商场营销	177	172	2.9
停车场租金:			
月租	1537	1456	5.6
时租	509	484	5.2
营运开支收回及其他杂项收益:			
物业相关收益	402	389	3.3
总计	9139	8681	5.3

注:①商铺租金分别包括基本租金53.39亿港元(2017年50.15亿港元)和按营业额分成租金1.21亿港元(2017年1.25亿港元)。②物业相关收入包括来自零售物业的其他收益3.97亿港元(2017年3.85亿港元)及停车场的其他收益500万港元(2017年400万港元)。

因2018年出售17项物业所致,物业经营开支总额增长0.7%(见表5-8、表5-9)。然而,领展贯彻执行严谨的成本监控,物业收入净额比率提升至76.4%(2017年75.3%)。剔除所有在2018年3月内出售及收购的物业后,物业收入净额比率提升至77%。

5 案例研究

表 5-8 物业经营开支分析

开支分类	截至 2018 年 3 月 31 日（百万港元/年度）	截至 2017 年 3 月 31 日（百万港元/年度）	年变动率（%）
物业管理人费用、保安及清洁	570	557	2.3
员工成本	431	417	3.4
维修及保养	211	219	(3.7)
公用事业开支	284	291	(2.4)
地租及差饷	288	282	2.1
宣传及市场推广开支	136	121	12.4
公用地方开支	100	106	(5.7)
其他物业经营开支	140	153	(8.5)
物业经营开支总计	2160	2146	0.7

表 5-9 领展物业组合数据

		截至 2018 年 3 月 31 日	截至 2017 年 3 月 31 日	截至 2016 年 3 月 31 日	截至 2015 年 3 月 31 日	截至 2014 年 3 月 31 日
香港的物业组合						
年末平均每月租金	港元/平方尺	62.4	55.3	50.0	45.4	42.1
年末平均每月租金（不包括自用办事处、教育/福利及配套设施）	港元/平方尺	66.7	58.9	53.7	48.7	45.3
续租租金调整率						
——商铺	%	31.2	23.4	29.0	23.3	25.8
—	%	29.1	23.8	25.9	22.0	25.7
年末租用率	%	97.0	96.1	96.0	94.8	94.4
物业收入净额比率	%	76.4	75.3	74.6	73.4	72.7
年末按营业额分成租金的租约数目（不包括配套设施）		4463	4927	5250	5124	5193
每个泊车位每月收入	港元	2492	2239	2022	1767	1566

续表

		截至 2018年 3月31日	截至 2017年 3月31日	截至 2016年 3月31日	截至 2015年 3月31日	截至 2014年 3月31日
中国内地的物业组合						
续租租金调整率						
——零售	%	38.9	32.6	39.1	—	—
——办公室	%	13.3	10.8	12.8	—	—
年末租用率						
——零售	%	99.5	99.6	99.5	—	—
——办公室	%	99.3	100.0	100.0	—	—
表现数据						
成交价与基金单位持有人每基金单位应占资产净值比较的最高溢价	港元	—	—	—	2.12	4.71
成交价与基金单位持有人每基金单位应占资产净值比较之最高折让	港元	28.86	17.37	16.29	14.13	8.39
每基金单位净回报率	%	3.7	4.2	4.5	3.8	4.3
按每基金单位上市价10.30港元计算的每基金单位净回报率	%	24.3	22.2	20.0	17.8	16.1

资产提升释放了物业组合的增长潜质。领展通过资产提升工程将陈旧资产转化为现代化商场，为顾客提供多元化的购物选择，提升购物体验，并同时为商户营造更佳的营商环境。商场经重新定位后，为领展的基金单位持有人及邻近社区增强价值。

5.2.4.2 领展的资产证券化发展

领展在资产证券化发展方面的重要举措可概括为提升与收购两个角度。首先，从提升角度上看，重点关注资产提升释放了物业组合的增长潜力。领展集团通过资产提升工程将陈旧资产转化为现代化商场，提升购物体验，并同时为商户营造更佳的营商环境，为集团的基金单位持有人及邻近社区增强价值。2018年内，集团完成14项资产提升项目，所有项目均超出15%投资回报，包括T Town（前称颂富广场）及T.K.O街市等大型改善工程。其次，从收购角度上看，领展集团业务表现建基于具抗逆力的物业组合，并以维持每基金单位分派的可持续增长为目标（见表5-10）。收购案例包括：

表5-10 领展五年财务表现概要

		截至2018年3月31日	截至2017年3月31日	截至2016年3月31日	截至2015年3月31日	截至2014年3月31日
资产及负债						
投资物业	百万港元	203091	174006	160672	138383	109899
其他非流动资产	百万港元	811	669	1816	934	470
流动资产（不包括待出售的投资物业）	百万港元	12502	1265	964	3827	3097
资产总值	百万港元	216404	175940	163452	143144	113466
流动负债	百万港元	7225	4046	4387	4880	5532
非流动负债	百万港元	30111	33397	31624	20158	11583
负债总额（不包括基金单位持有人应占资产净值）	百万港元	37336	37443	36011	25038	17115
非控制性权益	百万港元	474	256	54	—	—
基金单位持有人应占资产净值	百万港元	178594	138241	127387	118106	96351
带息负债占资产总值比例	%	11.9	15.6	16.5	11.9	11.0
负债总额占资产总额比例	%	17.3	21.3	22.0	17.5	15.1
投资物业估值	百万港元	203091	174006	160672	138383	109899
估值资本化率						
——香港（加权平均）	%	4.01	4.57	4.59	4.61	5.27
——中国内地						
——零售	%	4.50~4.75	4.50	4.50~5.00	—	—
——办公室	%	4.25	4.25	4.00	—	—

续表

		截至 2018 年 3 月 31 日	截至 2017 年 3 月 31 日	截至 2016 年 3 月 31 日	截至 2015 年 3 月 31 日	截至 2014 年 3 月 31 日
基金单位持有人每基金单位应占资产净值	港元	83.06	62.47	56.79	51.53	41.69
每基金单位收市价	港元	67.00	54.45	46.00	47.80	38.15
市值	百万港元	144054	120498	103185	109547	88160
基金单位价格与基金单位持有人每基金单位应占资产净值比较之折让	%	19.3	12.8	19.0	7.2	8.5
已发行基金单位	—	2150058972	2213002276	2243148136	2291770269	2310889561

（1）于 2017 年 5 月完成收购位于广州的西城都荟广场，收购价为 40.65 亿元人民币。

（2）收购广州西城都荟广场，以西城都荟广场具有增长潜力及出色的续租租金调整率为集团的整体物业组合带来重大贡献。

（3）收购位于旺角的弥敦道 700 号大楼，将成为汇聚都市娱乐体验的地标热点，维系及招揽顾客前来领展消费。

5.2.5 商业地产基金证券化与税收

5.2.5.1 商业地产基金证券化及商业项目的盘活策略

领展在内地和香港皆有商业地产。对于这种大型零售企业来说，李经理需要通过优先级和权重的不同受偿顺序的安排，逐层实现资产支持证券的内部信用增级。简单来说，主要由原始权益人或融资人关联方认购的次级，作为最低层级投资人，其清偿顺序最靠后；从这个角度，次级对优先级起到了一定的"风险缓冲"作用。最后，底层物业资产运营收入超额覆盖。为防范宏观市场变化、租约调整等影响，香港 CMBS 目前多采取运营收入超额覆盖的措施，即根据基础资产预期现金流，采用覆盖比率来衡量资产支持证券的信用风险大小。

在被问及为何领展的商业地产需要做出证券化时，葛经理表示主要原因是降低负债和美化财务报表。理论上，资产证券化确实有这个作用：在不增加企业资产负债率的前提下帮助企业募集营运资金。这对于领展的横跨中港的物业显得特别重要。此外，从金融市场募集的大量资金满足领展扩张的融资需求或者直接用来偿还企业存续的高成本负债，从而间接或直接地降低资产负债率。李经理表示，领展的资产证券化可提升资产周转率，改善财务表现。在过去几年，零售业的低迷使领展的负债率较高，也是资产证券化的主要动因。因此，从负债的角度来看，资产证券化能够突破传统债务融资工具（如企业债、公司债、中期票据等）扩大融资总额。

针对表内的商业地产（即固定资产等），REITs/Pre‒REITs 等形式的资产证券化可以做到物业表外持有，将一些重资产变为自持型经营，或者转为轻资产表外型运营，如此一来可给资产减负或者增值，减少资产折旧、空置物业及维护老旧物业造成的损失。领展主要是针对某些计入负债的重型地产，将它们转化为资产证券以便在资本市场交易。例如，在内地可以突破企业公开债务融资不超过40%的规定，将更多的资产出售给开发商。此外，两位经理表示领展和一些银行在贷款和融资方面有密切合作，商业地产基金的证券化实质上是融资平台，对募集资金用途没有限制，资金使用较为灵活。

表 5‒11、表 5‒12、图 5‒2 为领展截至 2018 年 3 月已承诺债务融资情况及融资到期情况。

表 5‒11 领展截至 2018 年 3 月已承诺债务融资情况

单位：十亿港元

	定息负债	浮息负债	已动用融资	未提取融资	已承诺融资总额
无抵押银行贷款	10.0	—	10.0	11.0	21.0
中期票据	9.9	6.4	16.3	—	16.3
总计	19.9	6.4	26.3	11.0	37.3
百分比（%）	75.8	24.2	70.5	29.5	100

注：所有金额为面值。

表 5-12　领展截至 2018 年 3 月融资到期情况　　单位：十亿港元

	无抵押银行贷款	中期票据	未提取融资	总额
2018/2019 年度到期	1.5	1.1	1.9	4.5
2019/2020 年度到期	2.7	1.3	2.8	6.8
2020/2021 年度到期	2.5	0.4	2.5	5.4
2021/2022 年度到期	2.6	1.4	2.9	6.9
2022/2023 年度及其后到期	0.7	12.1	0.9	13.7
总计	10.0	16.3	11.0	37.3

注：所有金额为面值。

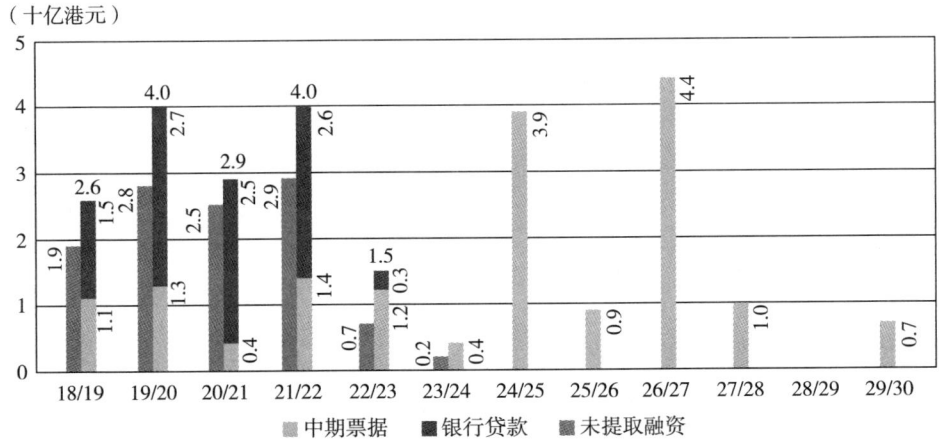

图 5-2　领展截至 2018 年 3 月融资到期情况

5.2.5.2　香港财税政策对零售产业基金的影响

李经理表示，香港的免税政策是 REITs 获得有竞争力的回报率的必要前提。从商业资产的价值来看，目前房地产行业发行的金融产品以债券产品为主，当未来权益类 REITs 真正接收物业产权并从事经营时，地产市场第三方估价体系的建立就显得极其重要。本书建议对 REITs 的设立和运作各个环节进行明确规定，尤其是给予 REITs 特别税收优惠安排。这些专项法规和税收政策需要和房地产资产证券化现况与趋势结合考虑。对于一些在内地的商业资产，中国目前相关的法律法规有《信托法》《信贷资产证券化试点管理办法》《资产支持证券信息披露规则》，但是未能涵盖所有商业资产证券化的全部范畴。尤其是对REITs的设立、发行、上市、交易、运作、分红及特殊目的公司地位等方面，缺少清晰的规定，严重限制了期望在内地发展产业基金的零售企业。但是这也提供了一个机会，让开发商将REITs作为重心发展战略在内地的商业房地产资产证券化开拓新的机会。

5.3 案例启示

5.3.1 领展商场的升级策略

从访谈内容可以推论出，领展商场的升级策略的基本理念与商场的营运方式和投资回报有关。自营还是联营都不会对香港消费者利益产生实质上的影响，只是对领展商场的品牌价值产生影响。因此，传统商场选择升级受到商场和竞争者、租户之间的博弈的影响。竞争者是指其他品牌的商场，它们也具有实施升级，然后加入新的经营方式的管理能力。这样就使领展经营方式的升级策略变得更加复杂，不仅关注商场升级后预期收益的实现，还应对升级后商场经营模式、租金管理方式等予以关注。能否实现商场的有效升级，往往取决于商场的自营管理能力、组织策划能力，以及如何有效处理商场方与竞争者和租户之间的博弈关系。

5.3.2 商场升级的成功因素

首先是商场升级对于领展来说意味着数据库的升级，领展设立了统一的市场数据分析部门。一般来说，市场数据分析主要由市场部门和IT部门配合业务部门完成。领展也是如此，而且信息和IT部门根据业务部门的需求负责数据的抓取、过滤等前期工作。这样做的目的是业务部门之后能够进行具体的分析，在分析过程中和客户维持联系。

其次是管理层的决策支持，进行营销活动的预测和分析，利用新的市场分析数据为O2O经营评估等业务提供有力基础。这表明，完整的开发生命周期是升级的成功因素之一。它包括商场不同部分的规划、整合、建筑分析和根据进度采取变动几个阶段。整体来看，领展在各个阶段的表现各有优异之处和需要改善之处。例如，在整合规划阶段和分阶段实施方面评价良好；而在可行性方面，满意度不高。

5.3.3 升级之后的租金设置和租户管理

大型商场定期应对商铺品牌入驻情况进行一次分析，即通过对入驻品牌构成变化、消费者流量、香港零售业的租金水平变化、商品款式、品种，以及商品质量的好坏的分析，综合判断出消费者需求的变化，进而指导品牌的选择。因此，租金水平的设定与市场定位和目标顾客层层递进，在最后形成共赢的基础。与国外的大型商场相比，领展的租金水平并非以代理符合定位的品牌为主。需要指出的是，过去大多数国内商场都采取代理的方式，通过国外和香港代理商进驻商场，但商场无法操控租金水平。领展商场也是在升级后才取消代理商并回购代理商的产品，因此租金能够自己设定。

领展不但在租金水平的设定方面体现出多样化特征，还对升级之后的经营模式进行了必要的改变，例如，领展注重关注商铺的需求和空置率的动态变化，并及时定制招商策略、调整租金水平。无论是引进符合定位的品牌，还是代理符合定位的品牌，或者是开发自有品牌，领展都需要密切关注各个商铺所代表的市场的需求。

5.3.4 以基金提升资产价值

从香港领展的具体案例来看，REITs的市场价格波动比其他方法要小，且从长期的投资角度来看可保持稳定增长。和一些欧美的零售企业相比（例如美国的 Walmart），2008 年次贷危机对领展的影响较小，在 2005 年重新上市后，物业的市场价值能够实现稳定增长。本书认为，推动领展商业地产 REITs 上涨的主要原因有很多。

从外部原因来看，市场的高流动性对物业的发展环境有重要的影响。REITs 一般来说有着较为固定的回报率。在这方面它比较像固定收益类金融产品，对利率具有较高的敏感性。在市场风险较小的情况下，投资者要求的回报水平相应地下降，这使投资市场对 REITs 的预期估值上涨。从内部原因来看，公司的整体绩效和盈利能力影响了 REITs 的回报率。例如，Tesco 在英国零售业还未衰落之前具备强大的商业运营能力，它的 REITs 具有极高的回报率。Tesco 通过升级商场、扩建内部和外部设施，提供最好的消费环境和经营环境。

领展在这方面和 Tesco 很像，而且领展在内地有大量物业，这样能够降低空置率，避免租金流失。领展还凭借国内的新型零售建筑产业自建一些自己品牌的物业，并购更高收益率的物业，提升整体回报率水平。因此，较强的商业运营能力可以提升物业资产水平及租金收入，最后最大化 REITs 权益。

自 2015 年香港陆续降息以来，香港商业房地产市场的利率持续下跌。在如此环境下，一些高收益的物业资产显得更加抢手。除了正式的 REITs 产品，许多类 REITs 产品也开始变得供不应求，造成了资金成本下跌的趋势。加上香港的类 REITs 受到国际金融市场的影响，它具有明显的债权性质，这使产品的分级更加鲜明，除了一般常见的优先级、次级，也存在相应的存续期限。从操作成本的角度来看，优先级的成本最高，影响的因素也最多，包括是否在交易所上市、风险水平、产品期限和资产质量等因素。领展则是优先考虑收益水平，这是因为类 REITs 产品优先级利率无论是在香港还是国外市场仍然最高，投资回报因为溢价而更为明显。

5.4 本章小结

本章以香港领展商场作为研究对象展开研究,首先介绍了香港领展商场的企业架构、业务模式及地域分布情况,并从香港领展商场升级改造策略、O2O转型产业结构、企业发展战略、租金和资产增值、商业地产基金证券化与税收等方面对案例企业进行了深入研究。通过案例分析也进一步验证了物流信息、消费者体验感、商场管理服务体系、电子商务等因素对大型商场升级改造的作用机理,同时也为相关企业进行商场升级改造提供了较好的借鉴。

6 研究结论与建议

6.1 研究结论

不难看出,在资产证券化成为这个时代不可逆的大趋势下,领展商场最需要考虑的问题便是寻找自己的发展机会。从地产行业的发展角度来看,新的时代意味着新的资产和利润模式,通过专业投资人将企业的各地商业资产升级和最大化,并开拓出新的发展战略。本书认为,对于领展商场来说,核心增值型基金是零售产业在未来过渡到基金的目标。虽然有研究指出持有型基金的利润率可能更高,但是本书并不赞成,主要是因为资产价格太高。从领展商场的经验来看,即使经历了 2010 年香港写字楼租金的飙涨,相对于资产价格,其租金回报率仅为 7.5% 左右,在内地的资产甚至不足 4%。如此高的持有成本,即便是基金由企业全部持有,投资压力也很大。

第一,众所周知,商业地产基金证券化和产业到基金的过渡涉及很多资本的难题。领展的经验显示主要有三大难题:一是在香港商业地产的资产价格非常高,对于租金回报率而言明显被"高估",因此投资者难以做出最好的决策;二是投资项目单一,面向公众投资的项目虽然可以散售,回报率也可观,但是，如果没有过硬的资产管理配合，资产的合理增值难以保证；三是商业地产的融资渠道狭窄，目前香港的零售地产金融大多围绕住宅开发展开。如何化解这三大难题是商业地产基金证券化过程中不得不思考的问题。

此外，在香港商业地产的融资渠道异常宽广，核心资产和非核心资产的发展难以平衡。对于大型商业项目来说，非核心资产以资产精装修的方式散售，其利润补贴到核心资产中。而在后期则针对物业散售后破坏品质的难题，领展提出"资产精装修"和"资产配置"的理念，以确保资产不那么快贬值。针对资产价格过高的难题，领展商场主要持有核心增值型基金，并采取租售并举的模式，对非核心资产以资产精装修的方式散售，以补贴较弱势的资产。此外，通过直接开发型，针对投资人的需求发起开发型基金优化基金短期的流动性，也可确保开发利润，通过部分物业销售来降低核心资产的持有成本。

第二，领展商场在香港和内地都有商业资产，大量的资产需要分拆才能更好地管理升级和租金。例如，在香港领展推行一次性购买资产包，可降低资产购买价格。而在内地通过分拆销售沉淀核心资产，并通过运营增值、税务筹划等创造新的价值。两地的核心资产不断地雪球式滚动，吸收了大量的资本。对于拥有的核心资产，可通过经营贷款的放大，将资金投资于高收益的机会型项目中，通过多次滚动达到降低持有成本的目的。对于领展的开发商而言，基金主要以整买物业为主。但是，不可否认的是开发商更希望在升级阶段即可预售一些物业来实现现金流的回笼。

和国外传统商场相比，领展的核心基金与开发商的合作更加紧密，因此在现金流方面优势更加明显。Schawab（2013）指出，国外商场之所以与开发商的合作不紧密是出于保护核心资产的考虑。尤其对于多项目的开发，开发商的话语权可能过大而影响商场在基金形成中的主导性。此外，领展还通过资产包的形式打包出售，集中一些零散的物业，特别是非核心资产能够散售，适合短平快处理的资产。在一些情况下，一些开发商自身销售能力不够，只能由类持有基金快速剥离以平衡现金流。针对物业散售后破坏品质的难题，领展提出了"资产精装修"和"资产配置"的理念。

6 研究结论与建议

在现实的商业地产市场中，散售项目的租金一定低于同区域的开发商自持项目，其原因在于小业主诉求不一致，最终导致业主间恶性竞争。这必然会导致商业资产的管理出现混乱、租金水平的设置参差不齐，商场的利润自然无法提升。领展商场的经验现实必须由专业招商团队进行统一资产管理，通过集中化的资产包装和升级，才能提升租金水平、商铺的品质和物业品质。正是如此，最终才能实现客户投资收益最大化，这就是领展的"资产精装修"模式。此外，从投资人的角度思考，基金的发展和过渡实际上是理性的投资行为和最优化"资产配置"的理念。

第三，香港的零商业资产市场和基金市场有着自身的特点，它影响了商业资产证券化的过程。近几年香港出现了越来越多的大陆投资人和品牌群，该现象透露出一个重要的趋势：在香港这样成熟的投资市场中，商业资产配置最终会成为理性投资者的必然选择。面对庞大的内地投资人，领展商场的地产证券化变得更加具有战略性。一方面，现有的资产需要不断地增值，通过租金来获取更多的收益；另一方面，商业资产最需要安全和保值。而理性的投资者应该根据资本的不同属性、不同风险偏好，来匹配不同的投资品。从证券化的渠道而言，经过"资产精装修"的商办不动产和不动产证券化产品未来将成为最主要的投资方向。

投资方向涉及具体的投资方案的构建与选择，领展商场的策略是优先考虑投资零售业的房地产基金、类股权不动产和一线城市的资产（针对内地的发展而言）。此外，针对投资金额的大小，可做出更加细小的项目划分。例如，对于500万元的投资，投资方向为房地产信托和写字楼；对于100万~300万元的可投资资金，可考虑投资房地产信托、商办物业和商铺住宅。如此一来，资本的渠道得到拓展，而投资收益的来源更多，风险得到扩散。对于追求投资高收益回报的投资者来说，投资基金和类股权不动产可获取至少20%的年收益率；而对于追求安全性的投资者来说，投资信托和不动产可获取10%左右的年收益率。

为了盘活商业地产项目，最好的方法是逐步从"强主体+强资产"向

"强资产"过渡,强调底层物业资产质量多于主体信用。CMBS 作为资产支持证券,其本源就是依托于底层核心物业资产的质量,而非过度依赖主体信用增信。预计未来,随着国内评级体系和评级方式的日渐完善,国内 CMBS 产品将逐步向"相对弱主体、绝对强资产"的模式转变,也更趋近标准市场。以领展的经验来看,大多数产品仅由被抵押的底层物业资产提供还款保障,对融资人一般无追索权,即无法向融资人强制求偿。若发生违约情况,贷款机构可以取消融资人对抵押物的赎回权,并通过处置抵押物弥补损失。因此,投资人在投资 CMBS 产品时,更关注资产本身来进行风险评定。而从证券承销商到评级机构,重点都在围绕基础资产质量的分析,从底层物业、贷款到资产池各层面逐笔审查。

但是,所有的投资必须通过可靠的机构来配置,才能使投资的收益增值于基金和相关的证券。显然,开发商的种类需要多样化才能满足海内外投资者的多层次需求。此外,商业地产的产品搭配也属于资产配置的重要组成部分,通过不同的筹资平台未来将蕴含着巨大机会。例如,领展商场提供的"资产精装修"平台展现了更多实体商业资产产品,也有不动产证券化产品。过去三年,领展一直尝试构建这样的资产配置平台。目前,领展已在深圳、北京、上海尝试了这种模式。领展已整合在香港运行和内地运行的两种模式,并依靠房地产代理公司及理财公司扩展销售渠道,快速实现销售和出租,而且销售溢价亦非常可观。

从基金的平台配置来说,领展商场的升级对于提升品牌的美誉度以及对投资者的吸引力都有很大的益处。未来,投资的供应量将会出现在内地的一线城市,这也是为什么领展近年来将部分资产转移到内地。例如,在深度访谈的过程中地区经理表示领展商业地产如果不在内地和香港拆散,那么销售就没有现在那么好。此外,这也能形成良好的资产管理,尽管项目风险非常大。反之,如果以资产配置平台植入的同时辅之以"资产精装修"的服务,过渡到基金的机会亦非常大。当前,无论是金融机构、开发商还是投资人,都是大型商业机构资产证券化的直接利益相关者。但机会往往属于那些敢于创新的机构。尝试、反思和调整是许多商业模式走向成熟的路径，领展商场的基金以及资产配置平台是一个正确的方向。

6.2 对策建议

6.2.1 政策方面

第一，在内地和香港的经济交流越来越紧密的今天，商场升级成功的因素有赖于内地市场的潜力和资金吸引力。考虑到资金需求和资本成本，一些在内地寻求业务扩张的大型国际公司可能会对领展所提供的品牌效应感兴趣。不过，这些公司可能没有很多香港公司提供持续的合作机会。为了开拓国内市场，领展可以帮助新用户入场，为新公司筹集资金。

由于内地商业地产市场的规管和架构与香港或者国际发达市场有很大的不同，因此潜在的高风险和成本可能会阻吓大多数潜在的内地上市的企业在香港发展，因此领展也从香港角度出发，向国内提供服务，提升它们的信心。在面对内地投资的时候要做好个人和国家的投资的分开管理。不同投资来源的冲击可以通过两个主要渠道处理：第一个是香港的出口和进口可能会受到内地宏观经济变量出现急剧波动的影响。出口收入的减少和贸易条件的变化将波及香港的经济和投资风险。第二个是香港的货币和金融机制，香港的商业地产的投资状况可能会因投资者信心的改变和内地冲击而导致的资金流动而改变。因此要特别留意港元利率的变动，其将会影响资产价格和国内投资的需求。

第二，在成熟的金融市场和地产市场，资产服务机构是企业商业地产基金转变为CMBS产品的不二选择。和领展合作的机构一般包括大型商业银行（作为主要服务机构）、贷款机构（次要服务机构）和特别服务机构（提高咨询、计划、处理违约等状况）。根据专门的联营及服务协议，领展商场和以上机构展开商业资产过渡到基金的工作。在领展的案例中，资产服务机构设计较为复杂，一般存在如下两种情况：一种是由融资方或其关联主体（包括原始权益人）担任，这类主要承担的责任是基础资产及其回收有关的管理服务及其他服务，目前香港大多数上市公司都是采取这类模式。另一种为由独立的第三方资产服务机构担任，这种安排更为接近国际标准。独立的资产服务机构更多地参与到资产证券化的全流程中，承担前端资产的组建、尽调、筛选以及辅助产品结构设计工作，存续期内参与项目风险监管和控制等工作（如现金流的监管、底层物业资产经营状况的监管、定期实地检查/信息收集等）。此外，部分独立第三方资产服务机构还会以少额资金认购专项计划产品的次级份额，目的在于与项目利益捆绑，同时更能代表投资人利益参与项目主动管理。

第三，香港近年来因为过度供应的零售空间降低了租金，增加了空缺，但是也破坏了金融机构的完整性，这令许多开发商和投资者被迫违约。香港大量的过度商业地产建设已经清楚地表明，香港应该作为购物中心场地出租的管制者，将市场所产生的错误迅速进行纠正，重新塑造零售空间的固定性，从内地引入建设或扩建所需的大量资金以及估计中小企业在行业内的利益分配。

此外，领展可以借鉴新加坡的经验，成为政府所有的地产管理投资公司。在地产低迷的大环境中，投资决定的最重要的因素是经济条件、地产管理绩效、市场环境和回报率。如果领展能够在这几方面产生良好的效益，并能够与政府产生良好的互动，就能够激起老牌投资者和新入场者很大的兴趣。在政府的扶助和调控下，利润空间、灵活性更高，而且回报潜力方面更加可观，财产的长期可用性越来越重要。总的来说，投资者都在寻找可持续的投资产品，领展和政府合作从而减少风险，提供此类产品。

领展可以考虑成立海外投资基金，提供支持企业向海外扩张的相关服务，如在"一带一路"国家成立营业点。香港过去的大型零售资产、百货公司和购物中心的基金对当地的业主和服务提供者来说都是必不可少的。毕竟，"一带一路"国家的经济发展水平还较低。但是，对于领展来说，这也是一项挑战。如果领展计划向这方面进发，需要在今后几年内继续进行高水平的投资，对百货公司重新定位,建立新的营运主题。海外的零售地产市场由于广泛的结构和主要位置还在小城镇,领展还需要学习当地的投资习惯和趋势、突破口、政府管制等来规避风险与最大化服务对有兴趣企业的成功率。

就香港而言,核心和成熟的城市商业地产项目包括甲级写字楼、商业楼群、办公商业综合体、五星酒店和高级公寓等。领展旗下的这些资产普遍具有收益稳定和评级稳定两个特点。位于香港核心区位的甲级写字楼项目和商业楼群目前是领展商场最为注重升级的资产。作为香港现金流最为稳定和透明的资产类别之一,领展使用了CMBS来巩固这些资产的底层资产。从分析数据的结果来看,这些资产的出租率的空置率很低,入驻率一般能够维持在90%以上。加上聘用专业管理公司统一运营,商铺的实力和租金方面履约能力均有一定保障。

第四,领展商场的经验也显示出Reits和CMBS并非传统的证券化工具。实际上,它们是信用债的替换性杠杆工具,帮助企业的商业地产在过渡到基金的过程中最大限度地发挥证券类金融工具的优势,最后有利于盘活存量。因此,在未来CMBS产品应逐步摆脱与银行贷款的同质化问题,其基础资产不再是单一债权,而是多个分散商业物业的不同抵押贷款。如此一来,不同的商业资产能够汇聚到一个资产池中,使证券化更加容易。对于商场的升级而言,通过产品分级升级的规划和设计的分层也更加明细,实施的过程也有条理。毋庸置疑,企业证券产品的评级有利于提高资产增值,促进商业空间(即铺面)的流通性,以降低发展成本和提升租金。

6.2.2 企业方面

第一,理论上,商业地产的价值随着投资收益预期发生改变,以领展商场在香港和内地的商业地产市场量为例,有时候地产行业会因为政府出台新的土地政策而导致地产商减少了拿地,放缓了项目开工和已开工项目的进度。在内地和香港的经济交流越来越紧密的今天,商场升级成功的因素有赖于内地市场的潜力和资金吸引力。

接受访谈的经理预计，在未来三年内，香港政府将会针对商业地产陆续出台新的限购和限贷政策、放宽普通房标准、降低首付标准、放宽商业地产的交易营业税等来缓解地产行业下行压力。此外，相关的交易数据表明，作为推动地产业资产证券化的有效手段，重点发展REITs或许是企业和开发商发展产业基金和盘活商业项目的新策略。从财税的角度来看，香港的税法给打算使用REITs的开发商带来很多优惠。这些优惠多数是明确的税收优惠，通过对商业地产、写字楼和另一些零散出售或者出租的物业的租金来增加收益。在目前市场价格下，住宅和办公楼宇的收益率都支持零售企业REITs的发行。

第二，完善产业、基金市场和证券市场的风险防范机制和增信措施。Keller（2013）提出，在零售产业严格的资金监管可以保证在市场经营的企业的资本。而在基金市场和证券市场，更加严格的增信措施等同于紧盯企业的底层商业资产和写字楼物业。这些资产的现金流对于CMBS的操作来说是主要现金流的来源。而且，底层物业资产所产生的全部经营收益不限于租金收入、物业费、停车费及其他服务收入等。因此，企业不需要过于担心对租金水平的影响。经过一系列的商铺的租金再调整，最终进入资产专项计划的管理账户中。如果风控措施较完善，资产支持证券持有人的资产安全就能够得到保证。

考虑到目前香港的CMBS的评级体系、市场环境等高度成熟，开发商的发展策略可以为：改善自己的证券交易条件——这要符合当前金融市场的结构。需要指出的是，在设计时仍一定程度依赖融资人相关主体信用的支持。Lipson等（2011）建议，开发商可以加入更为严格的增信措施，例如通过底层物业资产抵押、双SPV结构下抵押给信托计划、物业资产抵押给委贷银行、制定抵押权人拥有优先受偿的权利。这个方法的缺点是证券的抵押方法太多，使产业向基金的过渡过程比较复杂，违约的风险也比较大。但是，可以依靠资产支持证券分级结构，实现内部信用提升。或者效仿成熟市场（如美国），依据专业评级系统在证券分级上将大类分为超级优先级、夹层优先级、初级优先级和次级。

第三，商场的升级可以以引进更高格调的品牌为主。对此，Fournier等

6 研究结论与建议

(2015)建议,商场要根据目标客人购买力的水平来选择进驻品牌,使租金水平得到最大限度的实现。在香港,商场非常多,每个商场的目标客人市场定位不同,也就决定了进驻商铺的品牌的水平。但是,从某种意义上说,品牌没有好坏之分,主要看是不是在当地的消费群体中具有吸引力。如果大众品牌进了经营高档奢侈品的商场,或是顾客群和这个品牌的商品有比较大的差异,就没有办法实现一个非常好的销售。因此,为了节省人力、物力,商场每年都应对进驻商场的情况进行对比分析,例如大品牌和小品牌、国内品牌和国外品牌的构成的变化、销售额的变化、消费者对商品的评价的变化、需求和消费的变化等。

第四,从改变开发战略和培养自我发展的能力的角度来看,Ooi 等(2007)建议,中小型开发商引入专业资产管理技术以提升管理资产的能力。该方法的理念是资产管理技术在金融市场可以大幅度增信,这是决定底层资产优质与否的核心。要通过这类创新的金融产品加持商业存量资产,关键就在于对底层核心物业资产质量的精准把握。落实到实践中,就是需要房地产私募基金这类具备主动管理能力的机构,通过输出专业资产管理能力对底层资产进行深度分析达到增值的目的。受益的项目亦可得到重新定位、内容改造、升级和证券投资的有效组合管理,最终使物业产生持续稳定的经营现金流和整体收益率得到提升。

6.2.3 行业方面

在零售产业的财税的税收如何成为产业及基金方面,本书有以下几个建议。第一,开发商需要深入了解当地的财税政策对于投资性物业的租金收益率、资产规模、资产质量、成长潜力、法律权属和管理难易度等方面的影响。对于符合上市条件的 REITs 产品来说,它们受到财税的影响更大。在亚洲地区,中国香港和新加坡都专门制定了税收法律法规,重点是给予 REITs 产品税收优惠政策,避免 REITs 和基金份额持有人双重征税(Titman et al., 2004)。

但是,香港的税收法并不对 REITs 的运作模式有特别的正面影响。因此,香港政府可以参照美国或亚洲发达市场的做法，通过完善税收法律或制定专项法律的方式，加快商业地产和物业的证券化制度体系建设。无论如何，税收优惠的重点是采取 REITs 运作模式的企业。除了一定的税收优惠之外，法律上亦要承认 SPV 的合法性。在一些比较老的城区，政府亦可针对商业用地使用权即将到期的情况，帮助它们过渡到产业的基金中去。可行的方法可以是不需要提出续期申请，不收取相关费用，可正常办理交易和登记手续。

第二，新的财税法应该针对房地产资产证券化向投资者提供长期稳定的回报。这对商业地产的属性产生了新的要求。例如，它们应具备长期稳定且清晰的产权归属。在香港，很多符合资产证券化的不动产，尤其是商业不动产的使用年限已经超过 30 年。尽管越来越多的税收条例并不针对物业的使用期限，但是为了加快房地产资产证券化的发展，政府需要制定专门性的法律和税收制度加强财税在产业基金和商业地产证券化过程中所扮演的角色，通过税法来明确 REITs 的税收优惠。

第三，政府需要鼓励必要的金融创新来辅助零售产业到基金的过渡，同时为新的商业项目增加活力和提升盘活量。政府监管机构有责任推广零售企业与金融机构的创新关系，大力发展房地产资产证券化产品。例如，Fama 和 French（2008）建议，在商业项目的发展不够充分的区域，可以扩充商业房地产资产证券化的底层资产的范围，例如包括一些老旧物业。这些物业的业费收入、停车场收入、棚改贷款和公租房租金收入等要在升级后才能实现基础资产多元化和提升租金的资产增值。对零售企业而言，这为资产证券化的总量规模扩张奠定基础，充分利用信贷资产证券化、金融债券等工具，提升盘活存量，优化资产结构等。

对于内地的一些大城市来说，虽然产业结构适合发展零售产业的基金，但是目前专业 MBS 金融机构尚少。因此，当务之急是探索如何成立专业 MBS 金融机构。零售企业可以先"试水"市场，例如对北京、上海、深圳等城市的各类 MBS 产品进行收购或重组，统一和强化增信机制，提高产品的标准化和流动性，进而促进市场规模迅速扩大。或者，可以先建设底层资本，参与城市建设，扩大与内地债券市场参与主体的关系，特别是国有银行、海外金融机构。此外，基金也可适当向个人投资者开放，深化做市商机制，增强价值发现功能，提高核心资产在证券市场的流动性。

第四，行业要帮助企业从多方面做好证券风险防范，须认真吸取世界各大经济危机（特别是美国次贷危机）的经验和教训。对于一些商业资产房地产较为单一的企业，开发如果太过快速，可能对现有经营模式带来冲击。因此，首先要签订证券化的过程中的现金流、违约概率、贷款合同条款和性质、债务人构成等标准，以加强对基础资产的甄别和筛选（Titman et al., 2004）。其次要加强对资产证券化的参与机构，诸如资产托管机构、信用评级机构、增信机构、承销机构等的监管，加强监管的法律法规建设，提高执业的资格，强化监管的力度，防范道德风险。特别是道德风险，近年来许多学者认为企业内部的消息泄露使商业项目过早被投资，一些目标投资人并未得到投资机会。因此，商业项目的信息披露建立在严格的跟踪式评估机制上。或者参照上市公司信息披露标准，向所有投资人及时、准确、完整地披露商业地产的信息和盘活程度。

6.3　研究展望

中国各大城市的政府都热心于给予海内外大型零售企业税收优惠，以扶持打造强大的商业不动产，这对零售产业过渡到基金有着重要意义。企业的管理层应该意识到这一点，确保所有房地产顺利过渡到下一个十年。在这一过程中，可以和中小型零售企业结成战略联盟，把产业的竞争力迅速提升，然后对行业内的所有资产整合、并购、重组（陈萍萍，2011）。如此一来，租金收入和资产增值将进一步趋于集中。

对于期望在内地发展产业基金和转移部分商业地产到内地的企业来说，要产生自我发展的能力就需要认识到未来内地房地产的转型和改革。第一，传统开发商的运营模式开始转变，带有新式运营商的特点；第二，传统的商业地产的投资、建设、销售模式逐渐没落，而且资产持有的模式也开始转变；第三，实业型房地产向金融型房地产转变，这意味着地产产品的属性越来越灵活。要提升租金的资产增值，展现产业结构O2O，就应该将以上三点结合到企业的发展战略中。从政府的角度来说，则要制定相关政策给予支持。比如，对于持有商业地产较多的企业予以一定的税收优惠，鼓励它们和不同行业融合制造新的经济体系，开创新的税收来源。

参考文献

[1] 毕红毅，李军，孙明岳．中国零售业发展现状、存在问题及发展思路 [J]．山东财政学院学报，2009（3）：68－73．

[2] 曹怀虎，梁月．电子商务影响中国传统零售业升级转型的实证研究 [J]．现代管理科学，2016（9）：100－102．

[3] 陈萍萍．企业集团战略协同系统研究 [J]．科学决策，2011（10）：66－77．

[4] 窦尔翔．中国产业投资基金发展的路径选择 [J]．中国人民大学学报，2006（5）：8－15．

[5] 丁一兵，傅缨捷，曹野．融资约束、技术创新与跨越"中等收入陷阱"——基于产业结构升级视角的分析 [J]．产业经济研究，2014（3）：101－110．

[6] 范运．私募房地产股权投资基金风险管理研究 [D]．西南财经大学博士学位论文，2009．

[7] 郭爱云，杜德斌．企业微信公众号能促进消费者品牌契合吗？——基于公众号认同和公众号融入的混合效应模型 [J]．现代财经，2018（2）：102－113．

[8] 龚澄，李运达．产业投资基金发展机遇与商业银行介入路径分析 [J]．国际金融，2015（12）：25－30．

[9] 高伟娜. 垄断性产业的普遍服务机制研究 [D]. 东北财经大学博士学位论文, 2011.

[10] 贺德方. 事实型数据: 科技情报研究工作的基石 [J]. 情报学报, 2010, 29 (5): 771 – 776.

[11] 胡静. 关于中国产业基金的调研报告 [J]. 金融与经济, 2010 (8): 60 – 63.

[12] 韩录. 我国产业投资基金发展现状分析 [J]. 科技管理研究, 2010, 30 (18): 48 – 51.

[13] 蒋宁, 张亮亮, 陈永平. 基于消费体验需求的供应链信息溯源及其系统构建 [J]. 情报理论与实践, 2018, 41 (7): 123 – 128.

[14] 姜旭平. 2010: 井喷式的中国电子商务及其对传统零售业的冲击 [J]. 中国零售研究, 2011 (1): 13 – 28.

[15] 吕冰洋. 政府间税收分权的配置选择和财政影响 [J]. 经济研究, 2009 (6): 16 – 27.

[16] 吕冰洋. 税收分权研究 [M]. 北京: 中国人民大学出版社, 2011.

[17] 李朝晖. 建立国家级战略性新兴产业创业投资引导基金的对策建议 [J]. 现代经济探讨, 2011 (10): 39 – 43.

[18] 刘国宏. 基于金融生态视角的区域金融中心建设研究 [D]. 南开大学博士学位论文, 2012.

[19] 罗珉, 曾涛, 周思伟. 企业商业模式创新: 基于租金理论的解释 [J]. 中国工业经济, 2005 (7): 73 – 81.

[20] 卢邱娟. 网上购物对城市零售业空间的影响: 以书店为例 [J]. 经济地理, 2010, 30 (11): 1835 – 1840.

[21] 刘文婧. 混合扫描决策模型: 理论与方法 [J]. 理论界, 2014 (1): 176 – 179.

[22] 李志强, 冀丽俊. 市场结构与技术创新——兼论中国企业技术创新的市场结构安排 [J]. 中国软科学, 2001 (10): 29 – 33.

[23] 李志强. 相对成本收益决定及其模型——技术与制度关系的第三种解释 [J]. 中国软科学, 2002 (5): 98-102.

[24] 孟庆松, 韩文秀. 复合系统协调度模型研究 [J]. 天津大学学报 (自然科学与工程技术版), 2000, 33 (4): 444-446.

[25] 米雪. 百货商店消费者体验对商店忠诚影响研究 [D]. 中国人民大学硕士学位论文, 2008.

[26] 潘麒安. 基于 Android 平台的商场服务系统的设计与实现 [D]. 吉林大学硕士学位论文, 2017.

[27] 潘素昆, 袁然. 不同投资动机 OFDI 促进产业升级的理论与实证研究 [J]. 经济学家, 2014 (9): 69-76.

[28] 彭俞超, 方意. 结构性货币政策、产业结构升级与经济稳定 [J]. 经济研究, 2016 (7): 29-42.

[29] 饶扬德. 市场、技术及管理三维创新协同机制研究 [J]. 科学管理研究, 2008, 26 (4): 46-49.

[30] 吴菲菲, 徐艳, 黄鲁成. 新技术引致商业模式创新的研究 [J]. 科技管理研究, 2010, 30 (23): 1-4.

[31] 徐洁. 中国产业投资基金发展模式研究 [D]. 辽宁大学博士学位论文, 2011.

[32] 许黎惠. 市场导向型环境金融创新研究 [D]. 武汉理工大学博士学位论文, 2013.

[33] 肖兴志, 姜晓婧. 战略性新兴产业政府创新基金投向: 传统转型企业还是新生企业 [J]. 中国工业经济, 2013 (1): 128-140.

[34] 于波. 产业投资基金促进中小企业发展的实证分析——基于创业板上市公司表现的实证分析 [J]. 财政研究, 2011 (1): 72-76.

[35] 姚公安. 电子商务中消费者体验满意度维度结构研究 [J]. 软科学, 2009, 23 (9): 124-128.

[36] 姚公安. 电子商务中消费者一般体验影响特殊体验的机理 [J]. 软

科学, 2018, 32 (3): 111-113, 133.

[37] 叶翔. 美国的产业投资基金 [J]. 金融研究, 1998 (10): 48-55.

[38] 张丹. 主题性购物商场环境设计研究 [D]. 南京工业大学硕士学位论文, 2013.

[39] 朱尔茜. 政府文化产业投资基金: 基于公共风险视角的理论思考 [J]. 财政研究, 2016 (2): 104-112.

[40] 赵放, 曾国屏. 全球价值链与国内价值链并行条件下产业升级的联动效应——以深圳产业升级为案例 [J]. 中国软科学, 2014 (11): 50-58.

[41] 张恒. 服装批发商场建筑内部空间改造设计研究 [D]. 昆明理工大学硕士学位论文, 2011.

[42] 张理, 王世明. 商场管理新理念——管理集成论 [J]. 北京工商大学学报 (社会科学版), 2000 (3): 5-7.

[43] Alan A K, Kabadayi E T, Yilmaz C. Cognitive and Affective Constituents of the Consumption Experience in Retail Service Settings: Effects on Store Loyalty [J]. Service Business, 2015, 10 (4): 1-21.

[44] Al-Debei M M, Avison D. Developing a Unified Framework of the Business Model Concept [J]. European Journal of Information Systems, 2010, 19 (3): 359-376.

[45] Andreopoulou Z, Tsekouropoulos G, Koutroumanidis T, et al. Typology for E-business Activities in the Agricultural Sector [J]. International Journal of Business Information Systems, 2008, 3 (3): 231-251.

[46] Anthony J Onwuegbuzie, Nancy L Leech. On Becoming a Pragmatic Researcher: The Importance of Combining Quantitative and Qualitative Research Methodologies [J]. International Journal of Social Research Methodology, 2005, 8 (5): 375-387.

[47] Arya A, Mittendorf B, Yoon D H. Friction in Related-Party Trade When a Rival Is Also a Customer [J]. Management Science, 2008, 54 (11):

1850-1860.

[48] Axelsson K, Melin U, Lindgren I. Public E-services for Agency Efficiency and Citizen Benefit-Findings from a Stakeholder Centered Analysis [J]. Government Information Quarterly, 2013, 30 (1): 10-22.

[49] Baker J, Levy M, Grewal D. An Experimental Approach to Making Retail Store Environmental Decisions [J]. Journal of Retailing, 1992, 68 (4): 445.

[50] Beshears J, Gino F. Leaders as Decision Architects [J]. IEEE Engineering Management Review, 2015, 44 (3): 104-111.

[51] Bryman A. Integrating Quantitative and Qualitative Research: How is it Done? [J]. Qualitative Research, 2006, 6 (1): 97-113.

[52] Bell D A, Deshalit A. The Spirit of Cities: Why the Identity of a City Matters in a Global Age [J]. Cultural Sociology, 2013, 7 (3): 386-388.

[53] Catterall M. Research Methods for Business Students [J]. Qualitative Market Research, 2003, 3 (4): 215-218.

[54] Chiang W Y K, Chhajed D, Hess J D. Direct Marketing, Indirect Profits: A Strategic Analysis of Dual-Channel Supply-Chain Design [M]. INFORMS, 2003.

[55] Chen D N, Jeng B, Lee W P, et al. An Agent-based Model for Consumer-to-Business Electronic Commerce [J]. Expert Systems with Applications, 2008, 34 (1): 469-481.

[56] Childers T L, Carr C L, Peck J, et al. Hedonic and Utilitarian Motivations for Online Retail Shopping Behavior [J]. Journal of Retailing, 2001, 77 (4): 511-535.

[57] Chong A. Singapore's Political Economy, 1997-2007: Strategizing Economic Assurance for Globalization [J]. Asian Survey, 2007, 47 (6): 952-976.

[58] Christophers B. Sovereign Wealth Funds: Legitimacy, Governance, and

Global Power [M]. Princeton University Press, 2013.

[59] Christou C, Papadopoulos K G. The Countervailing Power Hypothesis in the Dominant Firm – Competitive Fringe Model [J]. Economics Letters, 2015 (126): 110 – 113.

[60] Coelho P R P, Mcclure J E, Spry J A. The Social Responsibility of Corporate Management: A Classical Critique [J]. American Journal of Business, 2002, 18 (1): 15 – 24.

[61] Caselli F, Feyrer J. The Marginal Product of Capital [J]. Quarterly Journal of Economics, 2007, 122 (2): 535 – 568.

[62] Cummins J G, Hassett K A, Hubbard R G. Tax Reforms and Investment: A Cross – country Comparison [J]. Nber Working Papers, 1995, 62 (1): 237 – 273.

[63] Cupples, Sam, Rasure, Erika, Grable, John E. Educational Achievement as a Mediator between Gender and Financial Risk Tolerance: An Exploratory Study [J]. Social Science Electronic Publishing, 2015 (29): 151 – 179.

[64] Desiraju R. New Product Introductions, Slotting Allowances, and Retailer Discretion [J]. Journal of Retailing, 2001, 77 (3): 335 – 358.

[65] Eisenhardt K M. Building Theories from Case Study Research [J]. Academy of Management Review, 1989, 14 (4): 532 – 550.

[66] Evans P B, Wurster T S. Strategy and the New Economics of Information [J]. Harvard Business Review, 1997, 75 (5): 70 – 82.

[67] Fama E F, French K R. Dissecting Anomalies [J]. Journal of Finance, 2008, 63 (4): 1653 – 1678.

[68] Galbraith R W, Kolesar M B. A Services – Marketing Perspective on E – retailing: Implications for E – retailers and Directions for Further Research [J]. Internet Research Electronic Networking Applications & Policy, 2000, 10 (5): 424 – 438.

[69] Gustafson A. Making Sense of Postmodern Business Ethics [J]. Business Ethics Quarterly, 2000, 10 (3): 645-658.

[70] Gordon C M. Choosing Appropriate Construction Contracting Method [J]. Journal of Construction Engineering & Management, 1994, 120 (1): 196-210.

[71] Grassl W. Hybrid Forms of Business: The Logic of Gift in the Commercial World [J]. Journal of Business Ethics, 2011, 100 (1): 109-123.

[72] Haselbach L M, Maher M. Civil Engineering Education and Complex Systems [J]. Journal of Professional Issues in Engineering Education & Practice, 2008, 134 (2): 186-192.

[73] Hoyt C L, Price T L. Ethical Decision Making and Leadership: Merging Social Role and Self-Construal Perspectives [J]. Journal of Business Ethics, 2015, 126 (4): 531-539.

[74] Hartzell J C, Sun L, Titman S. The Effect of Corporate Governance on Investment: Evidence from Real Estate Investment Trusts [J]. Real Estate Economics, 2006, 34 (3): 343-376.

[75] Heshmati A, Dan J, Bjuggren C M. Effective Corporate Tax Rates and the Size Distribution of Firms [J]. Journal of Industry Competition & Trade, 2010, 10 (3-4): 297-317.

[76] Holbrook M B, Hirschman E C. The Experiential Aspects of Consumption: Consumer Fantasies, Feelings, and Fun [J]. Journal of Consumer Research, 1982, 9 (2): 132-140.

[77] Júlio P, Pinheiro-Alves R, Tavares J. Foreign Direct Investment and Institutional Reform: Evidence and an Application to Portugal [J]. Portuguese Economic Journal, 2013, 12 (3): 215-250.

[78] Klapper L, Laeven L, Rajan R. Entry Regulation as a Barrier to Entrepreneurship [J]. Journal of Financial Economics, 2006, 82 (3): 591-629.

[79] Kelemen M, Peltonen T. Ethics, Morality and the Subject: The Contribution of Zygmunt Bauman and Michel Foucault to "Postmodern" Business Ethics [J]. Scandinavian Journal of Management, 2001, 17 (2): 151-166.

[80] Klapper L, Laeven L, Rajan R. Entry Regulation as a Barrier to Entrepreneurship [J]. Journal of Financial Economics, 2006, 82 (3): 591-629.

[81] Koyuncu C, Bhattacharya G. The Impacts of Quickness, Price, Payment Risk, and Delivery Issues on On-line Shopping [J]. The Journal of Socio-Economics, 2004, 33 (2): 241-251.

[82] Lee E J, Overby J W. Creating Value for Online Shoppers: Implications for Satisfaction and Loyalty [J]. Journal of Consumer Satisfaction Dissatisfaction & Complaining Behavior, 2004 (17).

[83] Liang T P, Lai H. Effect of Store Design on Consumer Purchases: An Empirical Study of On-line Bookstores [J]. Information & Management, 2002, 39 (6): 431-444.

[84] Liao T J, Yu C M J. Knowledge Transfer, Regulatory Support, Legitimacy, and Financial Performance: The Case of Foreign Firms Investing in China [J]. Journal of World Business, 2012, 47 (1): 114-122.

[85] Low L. Rethinking Singapore Inc. and GLCs [J]. Southeast Asian Affairs, 2002 (4): 282-302.

[86] Lin C T, Hong W C, Chen Y F, et al. Application of Salesman-like Recommendation System in 3G Mobile Phone Online Shopping Decision Support [J]. Expert Systems with Applications an International Journal, 2010, 37 (12): 8065-8078.

[87] Lipson M L, Mortal S, Schill M J. On the Scope and Drivers of the Asset Growth Effect [J]. Journal of Financial & Quantitative Analysis, 2011, 46 (6): 1651-1682.

[88] Laursen T, Myers B. Public Investment Management in the New EU

Member States [J]. Pm Engineer, 2009 (31): 1 –31.

[89] Mcintosh A. International Consumer Behaviour: The Relationship between E – commerce and Retail and Leisure Property [J]. Journal of Retail & Leisure Property, 2001, 1 (2): 170 –187.

[90] Montes G M, Gamez M D C R, Escobar B M, et al. Final Project Teaching in Higher Education within Civil Engineering: New Perspective [J]. Journal of Professional Issues in Engineering Education & Practice, 2007, 133 (2): 94 –98.

[91] Mojzisch A, Schulz – Hardt S. Process Gains in Group Decision Making: A Conceptual Analysis, Preliminary Data, and Tools for Practitioners [J]. Journal of Managerial Psychology, 2011, 26 (3): 235 –246.

[92] Morgan D L. Paradigms Lost and Pragmatism Regained Methodological Implications of Combining Qualitative and Quantitative Methods [J]. Journal of Mixed Methods Research, 2007, 1 (1): 48 –76.

[93] Morris M, Schindehutte M, Allen J. The Entrepreneur's Business Model: Toward a Unified Perspective [J]. Journal of Business Research, 2005, 58 (6): 726 –735.

[94] Nolen A L, Putten J V. Action Research in Education: Addressing Gaps in Ethical Principles and Practices [J]. Educational Researcher, 2007, 36 (7): 401 –407.

[95] Najafi N, Dubois A, Hulthén K. Opportunism or Strategic Opportunity Seeking? Three Approaches to Emerging Country Sourcing [J]. Journal of Purchasing & Supply Management, 2013, 19 (1): 49 –57.

[96] O'Cass A, Carlson J. Exploring the Relationships between E – service Quality, Satisfaction, Attitudes and Behaviours in Content – driven E – service Web Sites [J]. Journal of Services Marketing, 2010, 24 (2): 112 –127.

[97] Ooi J T L, Webb J R, Zhou D. Extrapolation Theory and the Pricing of

REIT Stocks [J]. Journal of Real Estate Research, 2007, 29 (1): 27 - 56.

[98] Padilla R S, Milton S K, Johnson L W. Components of Service Value in Business - to - Business Cloud Computing [J]. Journal of Cloud Computing, 2015, 4 (1): 15.

[99] Pan Y. Channel Conflicts and Market Segments between E - commerce Market and Traditional Market: Based on the Adverse Selection Perspective [M]. Inderscience Publishers, 2012.

[100] Pashigian B P, Gould E D. Internalizing Externalities: The Pricing of Space in Shopping Malls [J]. Journal of Law & Economics, 1998, 41 (1): 115 - 142.

[101] Ramírez C D, Tan L H. Singapore Inc. versus the Private Sector: Are Government - Linked Companies Different? [J]. Imf Staff Papers, 2004, 51 (3): 510 - 528.

[102] Robson C. Real World Research [R]. Blackwell, 1993.

[103] Rodgers S, Harris M A. Gender and E - commerce: An Exploratory Study [J]. Journal of Advertising Research, 2003, 43 (3): 322 - 329.

[104] Rust J, Hall G. Middlemen versus Market Makers: A Theory of Competitive Exchange [J]. Journal of Political Economy, 2003, 111 (2): 353 - 403.

[105] Scourfield J, Pithouse A. Lay and Professional Knowledge in Social Work: Reflections from Ethnographic Research on Child Protection [J]. European Journal of Social Work, 2006, 9 (3): 323 - 337.

[106] Schwab K, Porter M E, Sachs J D, et al. The Global Competitiveness Report [J]. Foreign Affairs, 2013, 81 (3): 163.

[107] Shenkar O. Becoming Multinational: Challenges for Chinese Firms [J]. Journal of Chinese Economic & Foreign Trade Studies, 2009, 2 (3): 149 - 162.

[108] Smith H, Hay D. Streets, Malls, and Supermarkets [J]. Journal of

Economics & Management Strategy, 2010, 14 (1): 29-59.

[109] Savitsky K, Boven L V, Epley N, et al. The Unpacking Effect in Allocations of Responsibility for Group Tasks [J]. Journal of Experimental Social Psychology, 2010, 41 (5): 447-457.

[110] Soleimani F, Khamseh A A, Naderi B. Optimal Decisions in A Dual-channel Supply Chain under Simultaneous Demand and Production Cost Disruptions [J]. Annals of Operations Research, 2016, 243 (1-2): 1-21.

[111] Taylor R H, Kent E. Calder. Singapore: Smart City Smart State [J]. Asian Affairs, 2017, 48 (3): 572-574.

[112] Teece D J. Profiting from Technological Innovation: Implications for Integration, Collaboration, Licensing and Public Policy [J]. Research Policy, 1986, 15 (6): 285-305.

[113] Thompson L, Gentner D, Loewenstein J. Avoiding Missed Opportunities in Managerial Life: Analogical Training More Powerful Than Individual Case Training [J]. Organizational Behavior & Human Decision Processes, 2000, 82 (1): 60-75.

[114] Titman S, Wei K C J, Xie F. Capital Investments and Stock Returns in Japan [J]. International Review of Finance, 2008, 64 (5): 34-44.

[115] Tsekouropoulos G, Andreopoulou Z, Seretakis A, et al. Optimising E-marketing Criteria for Customer Communication in Food and Drink Sector in Greece [J]. International Journal of Business Information Systems, 2012, 9 (1): 1-25.

[116] Wang L C, Baker J, Wagner J A, et al. Can a Retail Web Site Be Social? [J]. Journal of Marketing, 2007, 71 (3): 143-157.

[117] Wiengarten F, Fynes B, Humphreys P, et al. Assessing the Value Creation Process of E-business along the Supply Chain [J]. Supply Chain Management, 2013, 16 (4): 207-219.

[118] Yadav A, Barry B E. Using Case-based Instruction to Increase Ethical

Understanding in Engineering: What Do We Know? What Do We Need? [J]. International Journal of Engineering Education, 2009, 25 (25): 138 – 143.

[119] Yim Y C, Yoo S C, Sauer P L, et al. Hedonic Shopping Motivation and Co – shopper Influence on Utilitarian Grocery Shopping in Superstores [J]. Journal of the Academy of Marketing Science, 2014, 42 (5): 528 – 544.